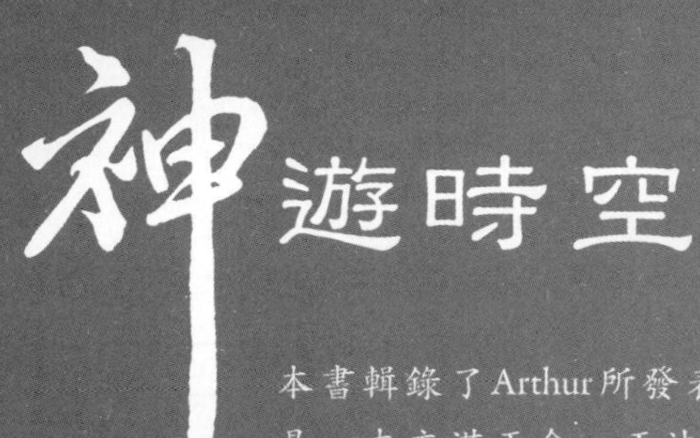

神遊時空

本書輯錄了Arthur所發表過的珍貴教理，
是一本充滿正念、正法、正能量的修行寶典，
願大家都能自由、輕鬆的找到最適合自己的修行方法，
隨著這些美妙的真理一起神遊時空！

Arthur

頭腦靜，心輪開，
愛就會自然流動，
這是無條件快樂的泉源！

編輯者序

Arthur 出生於台灣，少年時隨家人移民加拿大，目前定居多倫多。大約自2002年起，他定期主持多倫多的一個靈性聚會，近年來也不定期在台灣主持靈性聚會，與有緣人分享靈性智慧。

在 Arthur 多年來的啟發之下，我們學習擴展靈性視野，了解自己在時空中的定位，隨順自己的靈魂年齡和特質，自由選擇適合自己的修行方式。我們並沒有固定的組織架構，唯有在需要交流時，隨順自然的舉辦聚會。

這本書主要是由 Arthur 的部落格文章及聚會問答編輯而成。這些珍貴的資料，有許多是 Arthur 接收來自高等意識層次的靈感訊息。閱讀時，讀者可以去感受那文字背後的明晰、平靜和靈性之美。我們希望透過這本書將 Arthur 與我們分享的靈性智慧，與更多渴望了悟自我、提昇靈性的有緣人分享。在人類進化的朝聖旅程中，對於喜歡自助旅遊的修行者，這本書就好像旅遊指南，先驅者分享了寶貴的經驗，好讓讀者可以充分享受旅遊的樂趣。

由於在編輯的過程中，部分文章已經過摘要、簡化及合併，有些可能影響前後段的連貫性，但在去蕪存菁的前提下，仍須有所取捨，這點還要請讀者包涵。

本書的完成要感謝：
Arthur的經驗和智慧分享
所有參加過聚會的有緣人
所有曾經勇敢提出問題的朋友
所有耐心整理聚會問答記錄的工作人員
所有參與編輯、修正和校對的每一位
～無論是在時空內或時空外的！

這本書是我們大家在靈性成長過程中的愛心和智慧結晶，
是一體性共同的創作。

深深的祝福每一位有緣的讀者：
在了悟真我的朝聖旅程中，
能像我們一樣，有良師益友的愛心指引和陪伴，
學會自然遊走於浩瀚與無垠的時空內外。

神遊時空編輯團隊
在愛與至福中
2018年8月

～「讚美與愛」部落格網址：http://sontiga.blogspot.tw/～

作者簡介～

我的靈性導師

認識 Arthur 是我這生中最美妙的經驗之一。早年我學佛，曾跟許多師父學習教理，生活也因此更加充實愉快。只是總覺得對宇宙和人生還是有許多困惑，而且自己的情緒一直不穩定，肯定是哪裡沒修好。看了《瑜伽之龍～一個瑜伽行者的自傳》以後，總是期盼自己能像作者尤伽南達一樣幸運，能有機會在一位大師身邊學習。

然而，Arthur並不是以大師身分出現在我面前。初見面時，他未滿三十歲，畢業於多倫多大學電腦資訊管理系，從事電腦軟體工作。我們在靜坐的道場中認識，彼此以師兄師姐稱呼。從外在看他似乎與常人無異，然而他總是奇蹟的製造者，讓我越來越覺得他高深莫測。

有一次共修後，一向喜歡當紅娘的我望著 Arthur 的背影，心裡想著幫他介紹女朋友，忽然間他轉身，筆直走到我面前，對我說：「不要介紹女朋友給我，因為我這輩子不想結婚，結婚會花掉我太多時間！」我以為只是巧合，沒放在心上。隔了一陣子，我又看著他，覺得應該勸他結婚，念頭才剛閃過，他忽然鄭重的對我說：「都跟你說過了，不要勸我結婚，以後我如果結婚，老婆孩子就靠妳養！」這也太巧了吧！竟然我想啥他都知道。

有一次共修時，我不斷的咳嗽，咳到胸腔都痛了，一陣激烈的咳嗽之後，就對坐在我身邊的Arthur 說：「坐離我遠一點，免得傳染給你。」他微笑說：「不要亂加持我得病，我跟你沒有一樣的業障。」

我說：「我都想去檢查了，不知道是什麼病？」

他說：「其實也不是什麼病，是你前幾天不小心吃到含蛋的食物，所以目前在排毒，排毒要十四天的時間才能排完。」

我回想起約十二天前，我吃了一袋素肉乾，是朋友特別從台灣為我帶來的，味道很香，我吃得很開心，吃完才發現包裝上標示含蛋。我想，都吃掉了，不知者無罪，就沒放在心上。沒想到，Arthur居然知道，而且如他說的，兩天後，我的咳嗽完全好了，正好合計排毒十四天。

我逐漸察覺到他異於常人，居然心靜到這個程度，可以聽到別人的心聲，知道別人的過去未來，於是開始認真的跟他學習。有些人聽我說Arthur有他心通，就去考驗他，他卻裝做什麼都不知道。我問他為什麼不施展神通，他說：「對那些不信任我的人，我為何要展現神通？我只看一個人內心對修行是否真有渴望，只幫助信任我而且真正想修行的人。對那些想考驗我的人，我當然不予理會，我又不是自動販賣機，丟一個銅板進去，就掉一個罐頭出來。」

他明白人們的根性與根基，所以能因材施教，在教導每一個有緣人時，都採用不同的方法。我兒子七歲時，整天迷著玩電動，我請教Arthur如何教育兒子？他說：「你兒子將來是專門設計遊戲軟體的電腦工程師，如果他不知道怎麼玩遊戲，就不能設計遊戲軟體，所以不必阻止他玩遊戲。」十幾年後，他的預言實現了，我兒子畢業於電腦工程學系，設計遊戲軟體是他的最愛。

有一次我們邀Arthur去摘櫻桃，大夥兒在晨曦中出發，途中Arthur 談到地球上的土地都有守護靈：「比如中國大陸、加拿大、北美洲、南美洲等，各有不同習性、不同風格的守護靈在照顧，每塊土地都是靈界為人類安排的教室，適合不同年齡層的靈魂居住、學習、和體驗生活。」Arthur很開心的說著，我聽得入神，這時忽然注意到他光潔的臉龐滲透出一層薄薄的光輝，恰似朝陽下的冰雪結晶～閃閃發光！

Arthur教我們各種靜心的方法，使我們更容易進入禪定。並且在不同的修行階段，介紹適合我們的靈修書籍和方法：

透過《奇蹟課程》，
引導我們放下小我，明白「萬物同一體」，
從「受害者」的惡夢幻覺中「醒來」。

透過《歐林系列書籍》及《迎向富裕》，
引領我們走向「創造者」的美夢階段，幫助我們在喜悅中成長。

透過《當下的力量》
調整我們的情緒和思維，從惡夢、美夢、朝向無夢的臣服階段。

透過《愛無止境》
讓我們了解我們的本質是「愛」，
更深入的了解「一體靈性」，並找到內在的「天火～神性」，
進而達到「隨順天意者」的無夢階段。

透過《赫萊瑞恩系列》，增加我們幫助別人的能力和工具。

近年來，我接收靈界訊息的指示和督促，與同修一起集結 Arthur 曾經發表過的珍貴教理，主要是為了經驗的分享和傳承，希望幫助真正想修行的兄弟姊妹，願他們在靈性成長的過程中，能吸取前人的經驗和智慧，減少摸索的時間。

這是一本充滿正念、正法、正能量的修行寶典，願大家都能自由的、輕鬆的找到最適合自己的修行方法，隨著美妙的真理一起神遊時空！

Samantha

加拿大，多倫多

2018年8月

目錄Contents

壹 時空內外

貳 朝聖之旅

參 愛與靜心

肆 思維的綻放

伍 情感的昇華

陸 身體與能量

柒 訊息與指引

捌 助人的藝術

壹 時空內外

你在那裡？
時空中的定位
時空內外自然遊走
同一體的感知
開悟
靈魂的記憶
靈魂的特質
靈魂的年齡
幸福的人生
與靈魂共振
皮影戲
內在小孩
三位一體
三種聲音的召喚
時空內：化膿包為極樂
超越時空～我說：是

你是時空中的一個生命，
你是永恆中的一個生命，
這個事實你無法改變。

停止對時間的掙扎，
放下對永恆的恐懼，
祂們是你的父母與源頭。

除非你全然了解，
否則和平不會降臨於你，
除非你全然了解，
否則你將無法認識自己。

你在那裡？

你在那裡？
你應該在那裡？
誰應該作決定？
什麼時候你應該前進？

在修行的過程中，
如果不明白「時空內外」的關係，
便有可能對於各種「動與靜」的打坐方式感到困惑。
在「放下一切」與「努力服務」之間感到迷惘與矛盾。

有些修行人嚮往永遠的大涅槃
～一種完全放下時空的狀態。
但既然擁有一個肉身，
在時空內必然有某些因緣與經驗必須完成，
所以學會如何自然遊走於時空內外是必要的。

他必須放下惡夢，
為了服務，留駐於美夢，
為了清醒，體現永恆與無限。

有些修行方式與書籍是專門為了放下惡夢，進入美夢。
有些打坐方法與文章是為了提醒人放下時空，進入當下。
兩者都是必須的。
因為擁有肉身的你，
必須學會一腳在美夢，一腳在當下。
兩者互不矛盾，且相輔相成。

<table>
<tr><td colspan="2">時間與空間</td><td>永恆與無限</td></tr>
<tr><td colspan="2">過去與未來</td><td>當下</td></tr>
<tr><td colspan="2">成為</td><td>存在</td></tr>
<tr><td colspan="2">波浪</td><td>海洋</td></tr>
<tr><td colspan="2">關係、二元對立</td><td>同一體</td></tr>
<tr><td>惡夢／故事</td><td>美夢／故事</td><td>無夢／清醒／自由</td></tr>
<tr><td>悲劇</td><td>喜劇</td><td>神性的遊戲</td></tr>
<tr><td>無意識的演出</td><td>演戲、編劇</td><td>觀察</td></tr>
<tr><td>受害者</td><td>創造者</td><td>順從天意者</td></tr>
<tr><td>因果關係</td><td>互動交流</td><td>同步性</td></tr>
<tr><td>戰鬥、表達</td><td>服務、展現</td><td rowspan="2">見證</td></tr>
<tr><td>避免否定的</td><td>追求肯定的</td></tr>
<tr><td>恨</td><td>原諒</td><td>天真的感知</td></tr>
<tr><td>恐懼</td><td>感激</td><td>單純的覺察</td></tr>
<tr><td>嫉妒</td><td>我喜歡</td><td>我就是愛</td></tr>
<tr><td>擔憂</td><td>祈禱</td><td>輕鬆、自在</td></tr>
<tr><td>外在導向</td><td>內在導向</td><td></td></tr>
<tr><td></td><td>主動式靜心</td><td>被動式靜心</td></tr>
</table>

時空中的定位

問：

《聖境預言書》裡有一段提到：

「鑑往知來，了解自己在時空中的定位。」

請問如何詮釋「定位」？

如何替自己定位？

答：

定位，是對「關係」的認識。

基本上，所有眾生的定位，全都是由相互的關係演繹而來。

與上天的關係、與眾生的關係、

與星球的關係、與不同意識層次的關係……

了解自己的所有關係之後，就會明白自己的定位了。

明白自己與上天的關係，知道自己在祂裡面是「不可或缺」的，

這是一個基礎，因此，與其他眾生的關係及定位才會隨之清晰。

許多人因為不清楚這個基本的關係，

所以覺得在這個世界上生存很困難，

覺得自己像個「宇宙孤兒」，在地球上單打獨鬥。

這些人在靈性上、靈魂上認為自己無父無母，

所以只能想辦法自己保護自己。

然後，為了自我保護，就會緊抓著自己認為最熟悉的東西不放，

也許是身體、也許是房子……做出一些奇奇怪怪的事情。

也正因為覺得自己是宇宙孤兒，
所以，注意力既不在上天，也不在指導靈。
因此，有時候就算祂們要給予訊息，也接收不到。

認識自己與上天的關係是一個基本的「定心丸」。
穩定的明白這個關係，才可能安心的做其它事情。

基本上，一般人可能都還忙著肉體的求生，或情感的糾結，
還沒有時間、也沒有閒情逸致去替自己定位。
因此，對於了解自己的定位還不太有興趣。

當然，以時空內的學習來說，
當一個人痛到不得已的時候，自然會去走對的方向。
就算是只會在錯誤中成長的人，有一天，也會成長。

時空內外自然遊走

人是由「**神性**、**靈魂**、**身體**」所組合的，
這種三合一的組合，是非常特殊的，上至永恆，
下至看似朝生暮死蜉蝣般的世界，人都可觸及。
所以說：人身寶貴。

神性：無生無死。

它從來沒有被誕生過，也從來沒有死亡，它是永恆的。
心經中談到的：「不生不死、不垢不淨……」
這些不不不不，都是在說明這些東西都無法定義神性，
神性超越了任何一種定義，是最原始的「一」。

靈魂：有生無死。

靈魂在時空內被誕生，但它是永恆的，不會死亡。

身體：有生有死。

眾生的身體都有生日，大部分眾生會死亡，
死亡時，身體就會像衣服一樣的脫下來，但也有例外，
有部分眾生因為任務的關係，需要特例超越物質法律，
例如，有些在深山修行的大師們不會死亡。

因此，每個人都有「時空內」和「時空外」的部分。
時空外，是「無」的那部分。
時空內，是「有」的那部分。
神性，透過身體，從「無」走向「有」。
「身體（頭腦）」是從「有」走向「無」。

人生的目的，並不是要把這個「有」全部去掉變成「無」，
而是要學會：**在時空內外自然遊走**。

我們的任務是了解如何**掌握**、**運轉**、**遊走**於時空內與時空外，
需要的時候就到時空內，不需要的時候就到時空外。
而需要到「時空內」時，最好是去做美夢，而不是去做惡夢。

同一體的感知

問：

人生的終極目的是？

答：

認識自己是完美的神性～認識自己對同一體的感知。

我們從人的三個層次「神性、靈魂、身體」來說明同一體。

「**身體**」層次，最難感受到同一體。
有身體的時候，我們會感知彼此的差異和距離，
覺得自己與別人是分離的，所以，頭腦通常不覺得是同一體。
但我們可透過「**身體、情感及思維的交流**」來體驗同一體。
在物質界，能體驗到同一體的最主要因素是「愛」。
比方說，夫妻之間，關係親密時，會很容易感受到同一體，
有時是在肉體上，有時在情感上，有時在思維上，
有時好像對方在想什麼，你很快就知道了，甚至不用說出口。
親子之間，也很容易感受到同一體。

思維的交流方面，
人與人之間有不同的概念層次，
我們可以透過討論而有所溝通，進而引起「**共鳴**」，
這是思維上的同一體。
有些人靜心到某種程度時，雜念變少，會感知別人的想法，
這是所謂的「他心通」，其實只是因為頭腦安靜下來了，

可以清楚的接收別人的起心動念，
這也是某種程度上的「思維同一體」。

「**靈魂**」層次，會比身體更容易感受到同一體，
因為**靈魂本身是能量**，沒有肉體這麼明顯的界限。
在靈界，如果有兩個靈魂想要交換經驗的時候，
只要彼此的能量合在一起，他們的經驗就能互換。
所以，在靈魂層次，想體驗同一體是更輕鬆簡單的事。

「**神性**」層次，沒有任何界線，眾生本來就是同一體。
每個眾生的神性都是一樣的，每一個人都有神性。
修行，並不是要多修出一個神性，
修行是要修到**讓頭腦**能夠像大海一樣**平靜**，才能映照**神性**。
如果，海上有大風大浪，就不能像一面鏡子，
但是，風平浪靜的時候，大海就像一面明鏡，
天空、月亮、星辰、整個宇宙，全都能清晰的映照在海面上。
這時，你能看透天空，了解宇宙的真理，
也能看穿最深的海底，了解自己內在潛意識最深的層面。
所以修行有許多「打坐、靜心」的方法，
是為了要**讓內心的波浪平息**，
唯有平息之後，才能真正上知天文、下知地理。

開悟

你了解自己是永恆的神性，
你明白自己是超越時空的一位眾生。
你知道靈魂是自己的一部分，
你明白肉身是工具，你也明白時空是自己的一部分。
當你能夠在「**神性、靈魂、肉身、時空、無極**」之內
平衡的處理自己的人生，安穩的看待一切事物，
這就是很好的開悟現象。

因為你完全了解這五個層次間的互動關係，
你知道它們彼此之間沒有任何衝突。
你不會想逃離時空，也不會覺得自己的肉體未臻完美，
你明白自己的真實本質是永恆無限的。

開悟，是指你不再恐懼，不再執著，
你的思維非常開放，不去想負面的事。
因為你的開放、自在、和不執著，
你的心非常安靜、頭腦非常安定。
由於你的靜與定，你的神性會自然展現在日常生活及事業中。

靈魂的記憶

靈魂是你「愛、覺知、經驗、能力、記憶、情感、以及潛能」的不朽總和。～《愛無止境p31》～

這一生所學習的智慧，在輪迴之後，並不會忘掉，
我們生生世世所學習到的智慧都保存在靈魂層面。

靈魂每一次投胎時，
都會選擇一部分的基因、智慧及負面能量投射到這一世，
因為人的一世有時間性，只能碰到某些人事物，
而基於人生是學習過程的考量，
每個人在一世只能挑戰某些課程，
靈魂會把固定組合的基因、智慧及負面能量投射下來，
在這一世當中學習去克服這個負面能量，
並且以某些特定的智慧去服務某些有緣的人。
但是，生生世世所學習到的所有智慧都會保存在靈魂裡。

靈魂的特質

靈魂根據自己生生世世的因緣際會和經驗產生不同的特質。
由於，在時空中，有不同的時間和空間，
因此，不同的靈魂會立足在不同的時間、空間和人事物當中。
不同的時間、空間、和人事物會造就不同的經驗和選擇，
這些經驗和選擇就會產生不同的智慧和不同的背景。
所以每一個靈魂因為經驗的不同，而展現不同的光芒。

每一個靈魂都試圖展現上主不同的品質，
有些靈魂充滿愛，他們散發出愛的光輝。
有些靈魂充滿智慧，他們綻放的是智慧的光芒。
有些靈魂非常勇敢，他們傾向於選擇挑戰勇敢程度的道路。

每一個靈魂都是上主創造的一個人格，
每一個靈魂都被上主賦予了他們內心獨特的渴望，
靈魂在時空內記憶自己所有的過去，也安排計畫自己的未來。
每一個靈魂都是上主在時空內的一個觀點，
上主透過每一個靈魂體驗時空內的一切變化。
每一個靈魂都是上主的一個音符，
靈魂合奏時，成為一首悅耳的歌。

靈魂的年齡

問：

為什麼要了解靈魂的年齡？

答：

因為靈魂年齡影響一個人「**觀看世界的方式**」。

不同靈魂年齡，所面對的挑戰、適合修行的方法都不一樣。

靈魂年齡	一～四級	四～七級	七～十級
容易對應的修行階段	受害者	創造者	順從天意者

不同靈魂年齡對「創造力」的熟練程度不同。

一到五級的靈魂，感官、執著、與注意力傾向外在的事物。

覺得外在的東西都真實無比，因此，緊抓不放，難以變通。

五級以後的靈魂，開始注重內在的世界，有內在的體驗，

發現這世界不只是物質的存在，還有能量、頻率、振動力，

也發現「**境隨心轉**」～**思維與情緒會影響周遭事物與境遇**。

當一個人對注意力、思維、和情感的紀律有更多的掌握，

才能更精細、輕鬆的創造，而這能力與靈魂年齡有關。

了解自己的靈魂年齡，有助於注意力的正確聚焦，

跟隨自己心中的熱情，就不會把別人的期待當成自己的願望。

明白靈魂有年齡，還可擴展包容心，能更接納眾生的多樣性。
讓所有人做自己該做、想做的事，大家都能隨性自在的成長。
問：
人與人之間有沒有靈性高低之分，如果有，怎麼衡量？
答：
靈性有高低之分。
靈魂有生無死，既然有生日，就有先後之別，
因此，靈魂有老少之分，有些是識途老馬，有些才剛出生。

地球上的靈魂大約可以分為十個等級。
衡量的方法，是依據靈魂對「**同一體**」的認知有多少而定。
同一體的感知是指，能不能感受到自己和別的眾生
在深處是同一體的、相同的、沒有差別的。
感受越深，靈性層次越高。

由於每一個靈魂的出生時間不同，在時空內的經驗長短不一，
因此，對同一體的認知、深刻度也不同。
所以，每一個靈魂在了解同一體，認識神性的過程當中，
會需要不同的方法、法門、經驗、考驗、與挑戰……，
慢慢的透過這些，讓靈魂更深刻的體驗到同一體。

我們可看見，每一個人生命中的課程與挑戰截然不同，
人們選擇的學習方法也和我們有很大的差異。
每一個人都在用不同的方式，了悟「**同一體**」。

問：如何提升靈性？

答：

最好的提升方法就是「**戒**、**定**、**慧**」。

首先要守戒律，確定不做出傷害的事情。

戒律都守了之後，就是要練習「定」。

「定」就是要找一個能夠讓自己靜心的方法，

最好是一個固定的方法，常常練，越練會越熟，成為習慣。

當考驗、挑戰來時，自然會去運用那個方法，就能定下來。

有了定力以後，頭腦的雜念就變少了。

雜念變少，神性自然出現。

問：

要修什麼法門呢？

答：

只要在不傷害別人的前提之下，

找自己有興趣的、喜歡的、心動的、活潑的也可以。

因為不是每個人都喜歡打坐，有些人喜歡比較活潑的方法。

什麼法門都能讓你開悟，只要你用心、持續下去，都可以。

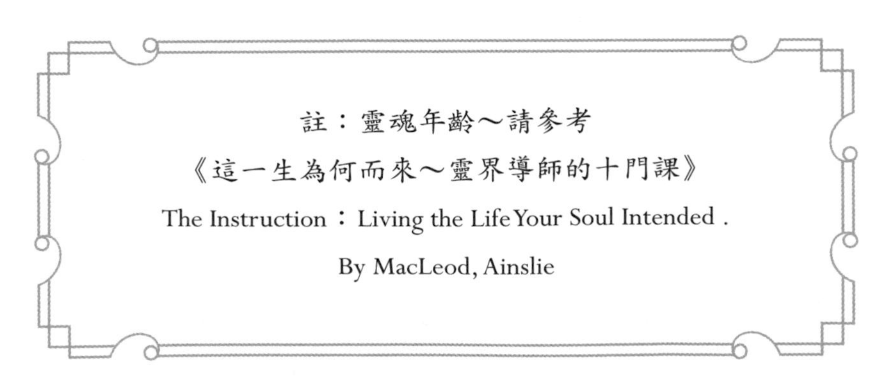

註：靈魂年齡～請參考

《這一生為何而來～靈界導師的十門課》

The Instruction：Living the Life Your Soul Intended .

By MacLeod, Ainslie

幸福的人生

問：

我很好奇，剛剛提到生活中會有一些東西來考驗我們，
但我現在三十歲了，都一直覺得自己命很好，沒遇到什麼考驗？

答：

一個人如果很幸福，通常有兩種可能。

第一、他的靈魂非常非常年輕，投胎做人的次數不多。
上天沒有替他安排困難的人生課程，因此過著幸福美滿的生活。
這也是為了建立他的自信心。

第二、他是個老靈魂。
因為生生世世已經在痛苦中學夠了，不需要繼續從痛苦中學習。
這一世的課程是很輕微的思維轉變，不需要外面的大刀來砍。

世界就是這個樣子，大智若愚。
有時候常常分不清楚一個人是愚笨還是具有大智慧。

真正的幸福快樂是因為已經學會了「**不執著**」，
已經知道自己與上主的關係，學會了順從天意。
如果一個人有任何執著的時候，就會開始痛苦。
執著點越多，痛苦點就越多，因此，成長過程中會有許多痛苦。

如果一個人是執著的，一意孤行的，
認為自己只是個肉身，卻又過著幸福的生活，
那麼，他是靈魂年齡很小很小的嬰兒。
如果，周遭的人事物轉變了，他會非常緊張不安。
他一定要自己的東西保持原狀，否則會感到痛苦、不舒服。

真正在快樂中成長的人，
通常都具有正面、樂觀、進取的態度，
而且，可以很快的釋放任何人、事、物。

所以，你可以自己分析一下，
看看自己是嬰兒，還是智者？
不用告訴我們，自己知道就好。

與靈魂共振

問：

請問靈魂是住在身體裡面還是外面？

答：

基本上，靈魂是在靈界，
但靈魂一部分的能量會投射於物質界。
當靈魂注意我們的時候，我們就充滿了**生命力**。
靈魂與肉身合一時，我們會以「**靈魂的視野**」看待世間萬物，
我們的頭腦比較不會有障礙，做事也會更完美。

在靈修旅程中，頭腦會與靈魂開始共振，會有更多的**溝通**。
若一個人的頭腦很少與靈魂共振，通常就是庸庸碌碌過一生，
甚至有些人在世間的所作所為，根本沒有照靈魂的意願去做。
人們會有恐懼是因為，認為自己只有肉體，而肉體是會死的。
身體和頭腦的放鬆與一致，才能使人更容易觸及靈魂。

如何知道自己的頭腦與靈魂有共振？
做事的時候，能夠全神貫注，覺得充滿能量、加持和法喜，
因為，當你做靈魂喜歡做的事，靈魂就會來參與和注入能量。
靈魂的注意力一放到身體這邊的時候，人就會覺得被加持，
覺得好像燈泡被充滿了電，整個人都在發光，
這是共振的一個徵兆。
與靈魂共振越多，靈魂的智慧、了解、觀點、能量……
也會傳達到頭腦和身體，這就是體驗的來源。

也許頭腦覺得自己和星空、星星無關，和完全的平靜無關。
但是，對靈魂而言，那是靈魂的世界，
當你一直走在修行的路上，你的頻率不斷的被調整，
當你的頻率與你的靈魂越來越接近，一定會開始起共鳴。

頭腦的聲音會讓我們感覺無法喘息、快要死掉。
靈魂的聲音會讓我們覺得好像「快要開始談戀愛」。
快要開始談戀愛的感覺，比談戀愛的時候更加深刻。
當你每天都在談戀愛～和生命談戀愛，
每分每秒都只說愛的言語的時候，
你會感知到靈魂與肉身合一所帶來的狂喜。

跟著心的感覺走！
因為，**心的感覺是靈魂的呼吸**。

皮影戲

頭腦不是靈魂，投胎過程中，頭腦的產生，像演皮影戲一樣，有幕後操縱者，還有剪出來的皮影人。背後操縱皮影者是靈魂，被操縱的皮影是頭腦和我執。操縱者的成長，在於技藝的純熟度和控制皮影人時的精確度。一個完美的皮影人，必須不掙扎、不抗拒、不自作主張、不和操縱人的手抗爭，如此一般兩方上下配合，才能演出一部完美的戲。所以，成長有兩種，一是靈魂的成長，一是頭腦的成長。

你是一個靈魂還是一個頭腦？
你是皮影人還是背後操縱皮影者？
靈性成長過程中，**頭腦必須學會與靈魂配合**。
一般人的頭腦並不明白靈魂的存在和真實性，
所以，也無法明白靈魂的體驗和目標。
因此，有時頭腦不一定感覺得到靈魂的成長。

靈魂的成長在物質界會有什麼影響？
當靈魂的成長和目標改變時，
靈魂可以重新決定它新的方向和主題。
當靈性成長時，
靈魂原先覺得有價值的物質界體驗可能會改變，
可能變得沒有價值。

所以當一個人的頭腦還不能完全明白靈魂的目標和方向時，
雖然，頭腦不能主動有意識的配合靈魂的動向，
但是，靈魂可以讓頭腦被動的無意識的配合靈魂的計畫。

不修行的人，時間及精神沒有放在靈性成長和靈魂上面，
所以，當靈魂有了新的成長和改變，頭腦也不會非常清楚。
修行的人，比較有機會了解和感受到靈魂的成長和改變，
所以，他們能夠主動配合靈魂的新方向和目標。

修行和不修行的差別在於一個是主動，另一個是被動。
主動修行的人如順水行舟。
靈魂若要被動的人配合他的目標和方向，
就必須用外在的人、事、物來左右頭腦的動向，
這時事情不會那麼順利和快速，尤其是頭腦還在抗拒時。

修行從來不會白修，
它的好處是使頭腦成為一個有意識的配合靈魂的工具，
隨時有「內部小道消息」，可避開許多不必要的辛苦。
修行是一個很美的過程，是頭腦和靈魂達成共鳴的一個過程。
當頭腦完全能夠聆聽靈魂的音符時，
就可以在世間奏出靈魂完美的樂章。

內在小孩

問：

什麼是「內在小孩」？

答：

內在小孩與「大我」有點類似。

有些書的作者把內在小孩當成「靈魂」，有些是當成「佛性」，

所以，要依照那本書所定義的內容才能確定。

我個人會覺得，內在小孩的形象更貼近「佛性」。

因為，祂不生不死，所以，內在小孩好像是又年輕又老，

老到不行，或是年輕到不行。

靈魂「有生、不滅」，所以如果總把靈魂當成內在小孩，

可能會誤解自己的靈魂好像沒有任何經驗。

有些人喜歡自己的靈魂具備赤子之心，

這種情況下，就可以將靈魂看作是內在小孩。

這些都只是詞彙而已，端看你怎麼運用。

問：

為什麼要花時間探究、分別這些定義？

答：

因為不同書籍對同一詞彙的定義和理解可能截然不同。

你的任務，是去清楚的了解每本書在使用某個特定詞彙時，

它真正指向的意義是什麼。

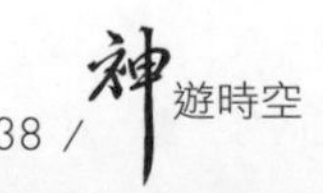

因為不同的靈魂年齡，
每一個人會觸及不同內在小孩的感受和體驗。
剛剛談到，不同的人會將內在小孩當成「靈魂」或「佛性」。
但是，對某些人而言，那個內在小孩其實是他的「下意識」。
下意識比較接近靈魂，但又不純粹是靈魂。
所以，就要看修到什麼程度，會碰觸到怎樣的內在小孩。

其實，有時候在體驗中所看到的內在小孩，不見得是靈魂。
若你還沒開始與自己的靈性接觸，
生活中有許多欲望是分裂的，
那麼，你的內在小孩可能只是自己壓抑下去的一股能量。
這股能量也許因為被壓抑，或是在前世沒有得到抒發，
所以，你對它的記憶還在。

因此，有些人會發現自己的內在小孩是前世的記憶，
有些人則感覺內在小孩是由自己製造出來，
而後被壓抑下去的能量，
還有一些人卻看到內在小孩是自己的靈魂。
所以，我們可能在體驗中看到許多個內在小孩，
但他們不一定都是同一個。

問：
請問老師，個人的修行會影響內在小孩的成長嗎？
答：
在「下意識」的層次，

當然，越多個人格整合在一起，你的內在小孩問題就越少，
最後就變成一個快樂的小孩。
在「靈魂」的層次，
生生世世的所作所為都是在造就自己的靈魂，
所以，經驗的整合也是在創造你靈魂的智慧。

問：
所以，如果有不明白的事情，
我們也可以請自己的內在小孩幫忙引導或指導囉？
答：
可以，在不傷害自己與別人的前提之下。
當我們去請求內在小孩的時候，
另外一個隱含的渴望，其實是在告訴自己「放下頭腦」，
去聆聽我們內在的心，去感受我們心的觸動。
然後，讓心的感覺告訴我們，該怎麼做選擇。
有時候我們會不太相信自己的頭腦，
不太確定頭腦要如何判別一件事，該怎麼做決定。
這是因為頭腦雖善於分析，卻不能告訴你真相為何。
我們較難直接由頭腦觸及真理，但是，心可以感覺到真理。
所以，對於心來說，所有的決定都比較簡單。

事實上，心也和靈魂連在一起，
因此，我們有時候會把「心」當成內在小孩。
所以，最好的狀況是：
你在呼喚內在小孩的過程中，也啟動你的心。

三位一體

何謂天父、聖子與聖靈？
何謂天父、聖子與聖母？
何謂靈性的父親與母親？
何謂神性、靈魂與肉身？
我們由「引導眾生修行」和「宇宙能量」這兩個層面
深入剖析這個問題。

引導眾生修行

每一個眾生喜歡的特質和形象略有不同。
為了協助人們開悟，指導靈、佛菩薩或宇宙弟兄們……
會「投其所好」，選擇各種不同的面貌出現。
祂們的形象變化多端，不拘泥於任何形式，
有時顯現為天父，有時顯現為聖母，
可能男性，也可能女性，可能上次是國王，但這次是乞丐，
轉眼又變成自己的父母……，
一切只為了引導眾生靈性成長所需而展現。

有些人偏好陽剛的特質、勇武的感覺，
他們只相信果決的聲音，所以會喜歡接近「天父」，
喜歡聽到天父的話語、想要了解祂的存在。
有些人則是因為自己已經夠強悍了，
所以不願意再繼續與類似的特質親近。

他們想要的是「溫柔的真理」，
因此傾向於想像或喜歡宇宙像個母親一樣擁抱、護持著自己。

有些眾生感觸敏銳，感覺外界聲音特別大。
這些眾生討厭別人高聲說話，
稍微大點聲就會讓他們非常不舒服。
他們怕吵，所以注意力易被聲音干擾。
這樣的人渴求的是柔和與溫馨，
他們需要學習如何在生活中放輕鬆。
因為，一緊一鬆、一張一弛，才能讓能量順利通行。

宇宙能量

東西方對宇宙能量的理解與選擇的象徵不太一樣。
道家的老子曾說：「一生二、二生三、三生萬物。」
自古以來，東方老祖宗就以「陰陽」分別命名宇宙能量。

至於西方，「陰」與「陽」的分界也相當明顯。
基督教的「三位一體」是指：天父、聖子、聖靈。
天父是「一」，聖子是「二」，聖母或聖靈則是「三」。
這裡將聖母與聖靈放在一起，是因為聖靈屬於聖母系統。
這裡是針對能量方面的稱呼，所以，和人倫道德無關，
後面會詳加說明。

我們常說的「神性、靈魂、頭腦」，與三位一體略為不同。
若一定要比較兩者的差異：
「天父」與我們的「神性」較有關係。
「聖子」與我們的「靈魂」較有關係。
「聖靈」與我們的「頭腦」較有關係。

「天父、聖子、聖靈」
是我們的神性、靈魂、頭腦更完美、更擴展的版本與源頭。
所以，不完全等同於我們的神性、靈魂、頭腦。
我們的神性是天父的一部分，但天父不只是我們的神性而已。
我們的靈魂是聖子的一部分，但聖子不只是我們的靈魂而已。
我們的頭腦是聖靈的一部分，但聖靈不只是我們的頭腦而已。

天父（神性／佛性）

第一種能量，是天父的能量，類似於眾生「神性」的那部分。
不生不死、超越時空。

什麼是神性？
神性代表人的源頭，祂從來沒有「生」，也永遠不會「死」，
祂不生不死、超越時空。
有人也把神性稱作「佛性」或是「一體性」，
對我來說，這三個名詞有些不同，但可以互通。

聖子（靈魂）

靈魂是神性在時空內的產物，神性創造出靈魂來體驗世界。
靈魂「有生不滅」，是介於神性與肉身中間的層次。
靈魂相應聖子的「二」，介於一與三之間。
聖子（靈魂），掌管了人類愛的能量和靈性的成長，
所以也是「愛」與「愛的世界」的象徵。

聖母與聖靈（頭腦與肉身）

「聖母」照顧和管理人類的「思維與肉體」。
人類所有與思維邏輯相關的部分，是由聖母在統籌管理。
由於聖母代表「第三種能量」，
所以，我們的頭腦與思維是源自第三種能量。
一定要比較的話，可以說，天父就像是神性。
父親通常在外面賺錢，只負責拿錢回家，不管家中的事情，
父親與小孩相處的時間其實不多，教養孩子的時間較少，
所以父親和小孩的距離通常比較遠。

母親通常負責照顧你的生活起居，一切都處理得很妥當。
你吃什麼、穿什麼、被子蓋了沒，她都管得很清楚。
當然這只是舉例，並非每個家庭都一樣。
我們所有與思維相關的部分，都由母親照顧得面面俱到，
這就是為什麼「聖母」掌管思維。

聖靈的能量偏向「母親」或「聖母」，
所以聖靈下面所有的「天使」，也都源自「聖母」那一個系統。
正因為天使來自第三種能量～思維，
所以他們才能幫助這麼多眾生，以及他們大大小小的事情。
《約翰福音》14：26
「但那個慰助者，就是父以我的名所要派遣來的聖靈，他將要把一切的事教導你們，並且讓你們想起我對你們說過的一切。」
意思是：聖靈將透過**思維**教導我們宇宙的真理。

人的組成

人是由「神性、靈魂、頭腦與肉身」三部分共同組合而成的。
天，即「神性」，是「無生無死」。
地，即「肉身」，是「有生有死」。
中間的產物，即靈魂，是「有生無死」。
天和地在一起，才生出中間的小孩，
有天有地，我們才會產生有生不滅的靈魂。
有生無死，就好像是一半繼承了父親，一半繼承了母親，
我們的「有生」傳承自母親，我們的「無死」傳承自父親。
「父親」賦予了我們神性，「母親」則給予了我們肉體及智慧。
經歷千錘百鍊與無數次昇華之後的智慧，會整合於靈魂的層面。
由此可知，「上天在我們的裡面」是真實的事情，
因為，我們是由上天的不同能量組合而成。
我們反映了神和神性三種不同的面向。

三種聲音的召喚

問：

如何克服人性弱點讓生活簡單？

答：

這要看一個人的靈魂年齡，

看他在時空內有多少歷練，

靈魂與身體頭腦的溝通是不是順暢。

人是一種比較矛盾的組合。

人有身體、靈魂、神性（佛性、神聖天心、上主的火花）。

這三樣東西的來源、磁性、振動力、和引力完全不同。

一個是高得不可思議～神聖天心，

一個是時空與永恆的產物～靈魂，

還有一個是時空內的產物～身體，它對恐懼會有反應。

身體的特性比較貼近動物性，具有貪生怕死，弱肉強食等特性。

人來到世界上都會對「恐懼」有反應，動物性有時會冒出來。

靈魂有自己的經驗、惰性、和傾向，靈魂並不是完美的。

有些書上說靈魂是完美的，精確的說是：

神聖天心～上主的火花～才是完美的。

做人是不容易的，

活到今天一直有三種力量在拉扯你，

而你能夠活到現在，這也是一個不可思議的奇蹟。
這個奇蹟的發生是因為周圍有你的指導靈二十四小時跟著，
也有許多天使圍繞著、呵護著、幫助你成長。
一般人如果沒有「靈界」這許多力量的指引和保護，
早就被三種力量拉扯得失衡了。
這三種東西每一個都有自己的力量和聲音。

人是這三種力量的組合，
因此，修行不是一件很單純的事情。
修行到後來，**三種聲音會一致**。
那就是，身體願意聽靈魂的，靈魂願意聽神聖天心的。
好像大家一起走路，目標和速度一致，那時候生活會變得簡單。

在這之前，每一個都有自己的聲音，各自拉扯，不知道去哪裡。
神聖天心會說：來吧，歸向無極！
靈魂會說：啊！那是我前世的戀人！
身體在說：我要找方法賺錢養活自己。
三種聲音都在跟你講不同的事，你要在三者間選擇，
所以每個人都掙扎不已，直到最後只有一個聲音。

但是，靈魂很年輕，才剛開始投胎為人的人，反而比較簡單。
因為，他們的靈魂沒有什麼經歷，也聽不到上主火花的聲音，
所以，主要是身體的反應。
這種人的生活也會很簡單、單純和快樂。
他們有一點像大智若愚的人，餓了就吃，累了就睡，

不多想，不會擔心事情，只要有飯吃，有人陪伴就夠了。

靈性成長到最後，靈魂要聽從神聖天心的指引，
靈魂漸漸在經驗中得到滿足，得到圓滿與智慧。
「智慧」永遠是時空內「靈魂」產生的火花，
沒有靈魂出現，「神聖天心」沒有物質體驗，祂就是一片完美。

神聖天心為什麼要物質體驗？
為了一首不可思議的情歌、為了數不完的觀點、為了愛。
沒有時空世界的物質體驗，就少了靈魂與身體的經驗，
也不會了解靈魂與身體是什麼。
如果，你從來沒有吃過霜淇淋，
我們告訴你，我們吃過的一種義大利霜淇淋，味道很好很棒，
無論我們怎麼描述，你沒吃過，怎能體會呢？

時空內：化膿包為極樂
In Time： From Blister to Bliss

<table>
<tr><th colspan="4">Hero's Journey 英雄之旅</th></tr>
<tr><th colspan="2">Blister 膿包</th><th colspan="2">Bliss 極樂</th></tr>
<tr><th>Lesson 課程</th><th colspan="2">Mastering 學習掌握</th><th>Service服務</th></tr>
<tr><td>Face difficulties
面對困難</td><td colspan="2">See higher meanings, values, and better ways
看見更高的意義、
價值及更好的方法</td><td>Share the boon
分享恩惠</td></tr>
</table>

To merely follow your bliss	僅僅追隨你的極樂
Is to be bound.	就是不自由
To cut your blister and run	切除你的膿包然後逃跑
Is to be bound.	就是不自由
From blister to bliss	化膿包為極樂
Marks the Hero's Journey.	標記了英雄之旅
Each blister, a call to adventure	每一個膿包都是冒險的呼喚
Each journey crosses lifetimes.	每一個旅程歷經生生世世
Refusing the lesson	拒絕課程
And lose the chance to serve.	就失去服務的機會
Know your blister	了解你的膿包
And see it changes to bliss.	看著它轉變為極樂
Enter the sacred place	進入那神聖之境
To see where true Journey lies	看清那真實的旅程
Follow your inner voice	跟隨你內在的聲音
To know aliveness and peace.	了解生命力與平靜
For lessons yet unlearned	對於尚未學會的功課
Face them in fortitude	以毅力面對它們
And follow them relentlessly	努力不懈的緊跟著它們
For none shall prevail thus.	因為沒有一個功課能戰勝你

For lessons already done,
Simply follow your bliss,
And share the jewels revealed to you
And serve in gratitude.

對於已完成的功課
單純的追隨你的極樂
分享展現於你的珍寶
然後在感恩中服務

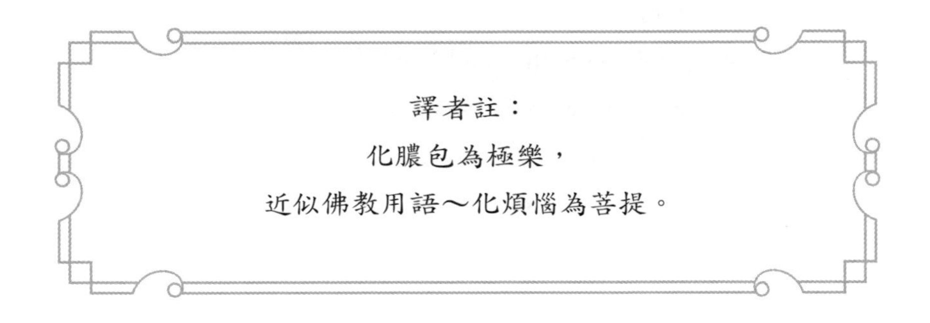

譯者註：
化膿包為極樂，
近似佛教用語～化煩惱為菩提。

Time to Eternity：I say YES

I say YES to life

Yes to the pitiful trying, yes to the simple joy
Yes to the time of fear, yes to the overcoming
Yes to the epic triumph, yes to the humbling fall
Yes to the incessant worry, yes to the growing faith
Yes to the brave attempts, yes to the cowardly escapes
Yes to the thunderous applause, yes to the shameful rejection
Yes to the exquisite pain, yes to the stolen moments of secret pleasure

Yes to the resisting, yes to the surrendering
Yes to the call to service, yes to the chance to Love
Yes to the sweet stillness, yes to the grand experience
Yes to the gift to choose, yes to the precious viewpoint
Yes to the sordid judgment, yes to the heroic acceptance
Yes to all unwanted changes, yes to the expanding horizon
Yes to the rising of consciousness, yes to the wondrous embrace

YES to the delicious journey from God to God

超越時空～我說：是！

我對生命說：是！

對悲慘的困苦～說：是，對單純的喜悅～說：是
對恐懼的時刻～說：是，對恐懼的克服～說：是
對英勇的勝利～說：是，對卑微的失敗～說：是
對不停的擔憂～說：是，對成長的信心～說：是
對勇敢的嘗試～說：是，對懦弱的逃避～說：是
對如雷貫耳的掌聲～說：是，對顏面無光的拒絕～說：是
對細膩的痛苦～說：是，對偷得片刻的祕密喜悅～說：是

對抗拒～說：是，對臣服～說，是
對服務的呼喚～說：是，對大愛的機會～說：是
對甜美的靜定～說：是，對宏偉的體驗～說：是
對天賦的抉擇～說：是，對珍貴的觀點～說：是
對卑鄙的批判～說：是，對英雄式的接納～說：是
對所有不想要的改變～說：是，對擴展中的視野～說：是
對升起的意識～說：是，對不可思議的擁抱～說：是

對於從上帝到上帝的美妙旅程～說：是！

貳 朝聖之旅

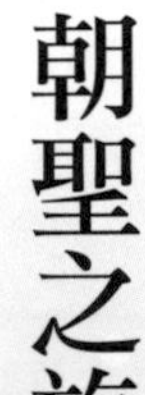

朝聖之旅～修行、自我了悟之道、
朝向真善美的道途～

*

讓你們的意識擴展，
直到可以涵容
人類生命流冒險旅程的浩瀚足跡，
並且意識到，
即使只是短暫片刻，
這莊嚴宏偉的朝聖之旅
使得生活裡的瑣碎煩憂
顯得多麼微不足道。

*

～摘譯自：赫萊瑞恩系列《織錦圖》～

意識天梯

情感眾生的意識天梯是用他「**深愛的聖人**」為藍圖，
每天用自己的「**愛和注意力**」搭建而成。
這個聖人會被他投注以所有他渴望的美德和力量。
他每天以愛灌注這個意識天梯，直到有一天，
上帝也親自加持這個以聖人為藍圖的意識天梯。
這時，天梯完成了。
他可利用這個天梯進入聖人代表的高層意識，
有時探險片刻，有時小住幾天。
直到有一天，當他決定自己要長久居住在這高層意識時，
直到有一天，當他明白自己就是這高層意識時，
意識天梯也不再被需要了。

思維眾生的意識天梯是用他所渴望的「**美德和力量**」為藍圖。
他每天觀想自己是這些美德和力量的完美代表，
每天在行住坐臥中，努力展現這些美德和力量。
直到有一天，美德與天梯終於完成。
美德與天梯也成為他自己的一部分。

典範與借鏡

學習的方式有兩種方式：正面與負面
正面的學習是利用好的典範來學習新的、正確的方式與紀律。
負面的學習是用痛苦掙扎來放下錯誤的認知、方式、與執著。

負面的學習有三種：

1. 一直得不到頭腦想要、想抓的東西，產生痛苦，
   最後必須被逼著了解自己頭腦與靈魂的差別，
   然後選擇是跟隨頭腦、還是靈魂的目標。
2. 一直逼頭腦經歷執著的東西，直到頭腦感到厭膩，
   然後不再執著。
3. 如果不懂得愛護眾生，便讓你受到傷害，
   才會懂得什麼是痛苦，才會懂得愛護眾生。

杯子裡的髒東西必須倒掉，好水才能倒入而被飲用。
所以一個修行人的執著，如果自己不清楚，
則必須經歷許多負面的借鏡與經驗後，
如鏡子一般照出自己的錯誤，
才會有一個選擇的機會，是否要放下自己的錯誤。
如果選擇的結果是想要改善，
那麼正面的典範才會有真正的作用。

正面與負面的學習，也與蓋新房子相似。
蓋新房之前必須先把舊房子拆掉，

這是破壞，這是負面的學習。
舊房子拆掉後，才能蓋新房子，這是建設，是正面的學習。

修行上，我們常希望自己能不執著快樂，不厭惡痛苦，
也就是情緒不受兩極的左右。
但是要記得，在學習上我們也應當避免只執著正面的典範，
而痛罵負面的借鏡，
我們需要有平等心，平和的採納正面的典範，
但同時冷靜的接受負面的借鏡。
在採納與接受的同時，帶著滿心的歡喜與感恩，
這樣，才能達到最好的學習效果。
成熟的修行人必須學會同時運用正面的典範與負面的借鏡，
像划船的左右槳一樣，朝上帝與安寧前進。
如果一個人執著正面的典範，痛罵負面的借鏡，
就會像划船時死命的只划右槳，不動左槳，
船也就只在原地繞圈圈，
結果自己頭暈，別人也看了眼花繚亂。

正面的典範與負面的借鏡都是由不同的人事物組合而成，
我們會碰到什麼樣的情況，被吸引到什麼樣的環境，
或和什麼人聯繫，都是因為自己的選擇與決定，
無論是有意識還是無意識的。
我們的選擇與決定，反射了我們內在心情思維的狀況。
由此推理，碰上正面的典範或負面的借鏡，
取決於我們的內在心情與思維狀況，所以怨不得別人。

在這時空世界裡的學校，所有課程都是為每個人量身訂作的。
不要抱怨，抱怨會浪費你成長的精神與注意力。

一個修行團體，可以有許多不同的作用：
有時偏向正面的典範，有時偏向負面的借鏡。
一個修行人應明白修行團體在靈性成長上的許多不同運作，
才不會將許多精神與注意力，浪費在無益的地方。
避免看事情時只看到黑和白，這會讓自己過於偏激。
學習用天然彩色的眼光看世界與人事物。
學習珍惜所有的經驗，做最好的學生，
就算是一根小雜草也能讓你開悟。

修行可以從許多不同的角度看，
其中一種是把修行看成是品味的提昇。
當我們一再的追求類似的人事物，而得不到滿足時，
我們應該了解，我們的靈魂對這類人事物已沒有興趣了。
但為什麼我們還是一直追求呢？
因為頭腦和靈魂沒連上線。
頭腦還是想重複舊的把戲，但靈魂並不想。
因為頭腦的品味比較粗糙，沒有趕上靈魂細緻優雅的品味。
如果我們一再的追求同樣的事情，而總是弄得灰頭土臉的，
沒有更多的生命力，也沒有更多的安寧，
便應該知道，這是個死胡同，不會有結果的。

學習在平凡中看到不平凡，學會更高的品味，
不只是喜歡精彩刺激，光鮮華麗的生活，
也要能學會品味平淡細膩的人生，
和上帝一起走過時空的任何階段，
沒有一刻是需要後悔逃避的。
牽著上帝的手，品味平淡單純的生活，
但每一刻都會是不可思議的奇蹟。

靈性和宗教

問：我不想參加宗教團體，如何找到精神上的依靠？
答：

宗教團體

宗教團體基本上只是一個架構。
不想參加宗教團體沒關係，喜歡靈性就好，
不一定要到宗教團體裡面才能修行。
除非，某個宗教裡，有許多與你生生世世有緣的人，
因此，需要你加入其中，以提供協助，圓滿彼此的關係。

我在靈性和宗教上分得很清楚，
有些人會分不清，認為宗教就是靈性，靈性就是宗教。
對我而言，宗教是為了靈性成長而建立的一個組織架構，
所有宗教的真正核心，都是靜心與愛心。
那些教條與理論，僅僅是為了度化眾生而用的工具，
用以幫助求道者的頭腦更清楚、更清晰，行為更正面。
但宗教通常有固定的聚會地或大型建築，還有許多管理人員。
當宗教團體的人越多時，必須訂立越多的條規和戒律。
雖然，戒律是學習戒定慧的過程中所需要的，
然而，有許多概念和戒律已經不適合這個時代了，
因此，喜歡自由不受拘束的人，通常不會想去參加宗教團體。

精神上的依靠

若你還無法感受到上天的愛、上天的能量、靈魂的力量，
你要找一個靜心的方法，在需要的時候，可以派上用場。
當你心慌意亂、無依無靠時，有方法可以讓你的心靜下來，
心靜下來，智慧就會產生。

若有人還在尋找靜心的方法，通常我會建議去「內觀中心」。
我認為內觀中心是架構比較少，宗教色彩比較淡的組織。
內觀中心的費用也是採用隨喜或是義工方式，比較適合大眾。
第一，不用花太多錢。
第二，可以有靜心的機會。

許多人渴望靈修，但他們沒有靜心的經驗，
沒有一個學習「定」的方法，也就缺乏戒定慧中的定。
然而，**所有得道的人，都是在定中得道的**。

東西方的靈修

問：

東方禪修和西方靈修有何不同？

答：

東方靈性成長的途徑與重點和西方完全不同。
事實上，每一個國家，都是一所靈修的學校。
每間學校都致力於提供各種不同的課程，以方便眾生學習。
但是，經過時間的變遷，有可能改變教導的課程。

自古以來，東方的靈性成長，著重於幫助情感豐富的眾生，
在生活中更成熟的掌握、面對多樣化的情感經驗。
透過觀察可以發現，東方社會相當執著於家庭的關係。
人們通常會被要求順從～順從父母、師長、學校、政府……，
這與西方社會講求獨立的思想文化截然不同。

東方的眾生重視情感，情緒很重，是屬「水」的眾生。
他們的危險在於被情感淹沒，不容易走出來。
這樣的眾生若要清明，必須學習禪定。
禪定的重點在於訓練放下私欲、放下家庭、放下社會……，
進入一種情緒上的紀律狀態。
禪宗、公案的出現，
為的就是要啟發這些眾生的思維，進而放下情緒。
西方眾生的特色在於思維、邏輯的發展。
他們講求獨立自主，情感上也強調不依賴。

但是，過度使用頭腦，是西方眾生的危險所在。

情感是「水」，思維是「火」。
東方眾生的危險在於被情感淹沒，
西方眾生的危險則是思維過度運轉，被燃燒殆盡，
若一個人拼命思索，無法停止，可能會瀕臨精神崩潰的狀態。

當頭腦過度使用、過度分析的時候，教導必須以「愛」為主。
所以《愛無止境》（Love Without End，作者Glenda Green）
這本書的問世，主要是為了啟發西方的眾生。
西方靈修者若想要獲得內心的平靜，
必須以心的智慧與愛力加以平衡。

今日在東方社會裡，人們也開始流行運用電腦及高科技產品，
因此，東方運用頭腦、思維的技巧與能力越來越發達。
此外，東西方有許多的交流，導致課程有些許的改變，
可以說，東西方的情況正逐漸在平衡當中。
但目前整體看來，東方仍以情感為重，西方仍是偏重思維。

選擇修行方法

問：

如何選擇適合自己的修行方法？

答：

主要是依照自己的興趣做選擇。

「感動」是第一要件。
一個適合你的方法，必定能令你感動，觸動你的心弦。
仔細聆聽內心深處的聲音，才能更接近靈魂的意願和芬芳。

依據「**修行的目的**」做選擇
如果修行的目的是：了解真我，了悟佛性，
有些修行方法，例如「內觀」，確實可以協助達成這個目標。
因為它教導的是放下架構，放下時空內的一切。

如果修行的目的是為了：幫助別人，與眾生互動，
那麼就需要學習更多的溝通方法與技巧，
以便協助對方了解自己成長的過程與接收到的訊息，
例如：與對方的指導靈溝通，知道他的問題、課程、喜好……
或改善自己說話和表達的技巧等等。
依照自己的興趣去學習和運用，才能與有緣人融洽互動。
因為自己覺得有趣時，才會覺得放鬆，並且充滿生命力。

時空內有三個修行過程：惡夢、美夢、無夢。
如果修行的重點只擺在「了悟佛性」，
有可能存在一個缺陷～對美夢的認識不足。

藉由修行，我們不斷在惡夢中放下架構，最終到達無夢。
但若對美夢階段的理解還不夠精確和紮實，
很可能進入無夢之後，馬上又掉回惡夢裡。

基本上，如果想要人生過得平穩圓滿，
建議美夢的部分也要修得好一點。
就算不是為了幫助人，還是應該要學習時空內的有為法。
所謂的「有為法」，就是修正自己的思維與情緒。
把負面思想改為正面思想、將批判改成愛，等等。

修行上要注意什麼

不論等級。

不揭發別人的隱私。

不花時間精神與人辯論。

不怕：選擇中成長，錯誤中學習。

不貪：美的東西可以欣賞，不需要擁有。

不緊張：千百萬億劫，有的是時間。

不亂看：修行是修自己，不是修別人。

不偏差：同時培養身、心、意的紀律與成熟。

不糊塗：明白你打坐、入定的目的是什麼。

不盲目：你對開悟的定義是什麼？合理嗎？

不缺德：壞話人前說，好話背後說。
與眾聚會若講缺點不提人名。

不匆忙：恐懼中作的決定不完美，
完全的平靜和滿足中作的決定才完美。

不懷疑：問：我這樣做對嗎？
答：身體更舒服、情緒更穩定、思維更清晰就對。

不迷惑：有用是真的，沒用是假的。
（包含所有人事物及內在體驗、夢，等等。）

不分離：做任何一件事情時，心中有愛才完美。
處理所有人事物時，打開心輪把它全放進去，
用「愛心和光」烘焙，直到同一體。

不閉塞：保持開放的思維。
不執著：十一奉獻。

不推卸責任：沒有假的師父，只有假的徒弟。
不浪費時間：只幫真正遇到瓶頸，認真要成長的人。
不好高鶩遠：先從自己身邊事情做起，煩惱即菩提。
不一概而論：每個人情況都不一樣，
根據個人的**因緣**、**任務**、**和背景**而決定。

邁向神性的指南針

問：

雖然我常常必須獨立處理事情，但我發現自己會想依賴。
想依賴，希望有人做主、領導，我應該如何改善這種心態呢？

答：

想有依靠是人的天性。
人天生的本能是去尋找自己的靈性，作為頭腦的主人，
去尋覓上主與內在神性，作為靈魂的主人。

當沒有或忘掉尋找自己的靈性或神性時，
頭腦就會希望尋得外在的人作主或領導。

與其培養獨立的精神，
先認清自己天生的本能。
你是個歸心似箭的倦鳥，
直到你回家，你會繼續尋找值得的依賴。

重新認清你屬於誰，
重新認清你是誰的孩子，
重新感受這真理和關係，
否則多少的獨立都只會讓你哭泣。
只是感到更多的孤獨。

當你有了穩固的基礎，
明白自己與神性密不可分的關係，
你的心才會安穩，
你的獨立才會真實與自然。

不要害怕自己想要依賴，
這其實是你邁向神性的動力。
這揮之不去的傾向，
是上主給你的指南針，
帶你回到自己。

靈修團體

問：

我很努力的在我的靈修團體裡服務，盡我所能分享自己的了解與喜悅。許多同修快樂的告訴我，他們在這互動中獲益良多。但是靈修團體的負責單位似乎對此事頗有戒心，也告誡其他分部關於我的事，要他們停止與我往來。

我該如何面對？想聽聽您的意見。

答：

從世俗看

每一個師父來到世間都有他們獨特的任務與因緣。
根據他們獨特的任務與因緣，形成他們獨特的靈修團體。
就像有些商店專賣書，有些專賣水果，有些賣衣服，
千奇百樣，林林總總。
有些團體紀律嚴謹，有些鬆散寫意，
有些品味不凡，有些正要收攤。

但無論如何，重點不在於別人開什麼店，
而是你想買什麼貨？
你是想買貨還是想賣貨？
你是想當老闆、店員、還是顧客？

如果你想在別人的店裡賣你自己的貨，
你應該能體諒別人為什麼要請你走，因為那不是你的店。
你去中藥店買藥，但卻發現腳底按摩對你很有幫助，
就賴在別人的中藥店裡，拉客作起腳底按摩的生意。
店是別人的，但你卻擺起自己的攤子，
中藥店老闆是不是該趕你走？
這樣的形容也許世俗些，但卻很容易了解。

從靈修看

在修行過程中，許多眾生適合在教條清楚易懂的團體裡修行。
如果一個靈修團體教太多方法，許多人可能會混淆迷糊，
也可能從一個方法跳到另一個方法，
無法專一、無法培養該有的紀律與習慣，
也無法在持續的練習中，得到個中三昧。
如果一個靈修團體裡太多師父與權威，
也容易造成一片混亂，不知道誰該聽誰的。
而剛進門的修行者可能會因此浪費許多時間。
豆腐沒成型就把模子拿開，只會得豆花泥。
所以為了大多數徒弟修行的良好環境，
師父是應該維持靈修團體方向與方法的單純，
這些單純固定的方向與方法，
可幫助徒弟持續的做同樣的練習，
在反覆中得戒、定、慧，得個中三昧。

如果徒弟的任務、因緣與靈修團體已盡，
師父是應該放他們自由，不管使用的是什麼方法。
因緣已盡，與徒弟的領悟深度並無一定關係，
但卻代表著時空內將各有不同的經驗與過程。

隨緣

人生的目的不在於永遠屬於一個團體，或忠誠於某一個人，
你的目的在於認識自己、幫助別人、了悟上帝。
你的忠誠屬於真理，大愛是你的團體，
和朝生暮死的名稱與肉體無關。
給別人自由，讓他們能夠擁有一個簡單明瞭的修行團體。
也給自己自由，給自己不拘泥於形象的自由。

當成長與服務和原本的靈修團體失去共同點時，如何處理？

隨喜
隨緣
聆聽內心的天意
自然而行

豆腐成型

問：
在修行特定法門時，需要特意避開其它的廟宇或聚會嗎？
答：
許多剛開始修行的人，目標相當雜亂，需要學習的是紀律。
在思維紀律方面，許多法門最初教導的是如何「不犯錯」。
比方說，守五戒，就不會隨意做出傷害自己與眾生的舉動，
也就不容易犯錯。

剛開始修行的人，就像用來製作豆腐的豆漿一樣，
需要一個豆腐模子來定型，等到豆腐成型後，才將模子拿開。
所以，對於許多初學者而言，守五戒、安分、耐心的學習打坐，
不到處摸索追尋，不分散注意力，練習思維紀律是很重要的。

什麼時候才能放寬視野，教導擴展思維的靈活及柔軟度，
接受所有的加持和祝福，得到真實的了解和內涵？
當豆腐已經成型，就可以拿開那個模子。
紀律可以移除的時候，就能用豆腐變化出各種料理。
這時候已學成了，可以隨心所欲，表達深度和溫暖。

靈修學費

問：
為什麼許多人都說助人靈性成長不應該收錢？
答：
在靈修上來說，老師和師父是不一樣的。

老師可以要求學費，
因為他只要負責傳遞知識與方法，比較像是一種交易。

師父是老師兼「父親」。
當父親是要照顧上天送來的孩子，就算他們沒錢。
父親與孩子之間的關係是「**愛**」，
孩子有心可以奉養，但孩子沒錢時，父親還是父親。
就算是孩子無心奉養，父親還是父親。
因為孩子是上天送來的。
孩子如果沒錢，父親甚至必須以各種方法幫助他度過困境。
因為，父子同一，本應如此，又如何能以錢為條件？

有些人只想要**得知識**，可以找老師。
有些人希望**親近上帝**，就需要找師父，
因為師父的不以錢為條件，更接近上帝的磁場，
師父所傳遞的不只是知識，也包括了**無條件的愛**。

老師可以講同一體，
但師父**以行動表現**同一體，
其中之一是：不以錢為條件。
一個不想以行動表現同一體的老師可以訂學費。
但一個讓上天決定緣分的師父，以隨喜展現同一體。

如果感覺上，像是同修，
那麼在這愛的交流與互相學習中，誰又該付誰錢？
問題是：你想扮演老師、師父還是同修？
你在尋找老師、師父還是同修？

師父變壞

問：

為什麼早期和師父在一起的時候，所有的一切都充滿了正面肯定的氣氛，奇蹟滿滿。但慢慢的，一路到現在，親眼看到及別人描述了師父的許多行為舉止及指示都讓人疑惑。讓人覺得不但與修行無關，還充滿了私欲及混亂。這是為什麼？是我們以前自己沒看清楚，還是師父變壞了？

答：

為了確定不是你自己的問題，請看「聖人與壞人」。

為了確定你明白禪師與徒弟之間的不尋常的關係，

請看「師父與徒弟」。

為了確定你明白修行是什麼，請看「修行上要注意什麼？」。

師父的任務

每一位師父來到世間，都有他們獨特的任務。

有的來，是為了喚醒愛。

有的來，是為了傳遞真理。

有的來，是為了鼓勵慷慨。

有的來，是為了提昇眾人的品味。

有的來，是為了教導運動與靈修之間的關係。

有的來，是為了打破眾人修行上的種種執著。

有的來，是為了提倡大規模的素食與打坐習慣。

有的來，是為了讓你放下外在師父，而找到內在神性。

有些師父的任務，不只一個，而是集數個任務於一身。
大部分的任務，都不會互相衝突，
但最讓許多徒弟迷惑的，
是一位帶了讓你「放下外在師父」任務的禪師。

禪師與典範師

典範師從來不生氣，從來不罵人。
典範師的任務是做一個良好的典範。
如果他教的是打坐，那麼典範師本身必然是良好打坐的典範。
典範師用正面的例子來教導，讓你能夠模仿而學習。

禪師有時用正面的方式教導，有時卻用負面教導。
（請讀：典範與借鏡）
負面的教導可以迅速的點出徒弟的錯誤，
讓徒弟可以重新選擇，放下執著。
負面的教導有時是直接，有時是間接。
有時禪師會直接點出徒弟的錯誤，
有時禪師會像鏡子一樣，照出徒弟內心矛盾與負面的地方。

是不是每一個破口大罵，亂七八糟的師父都是禪師呢？
不一定。
要看他在什麼時候破口大罵和亂七八糟。
一個不停破口大罵，亂七八糟的人可能只是很需要成長而已。
一個選人、時間、地點而破口大罵或亂七八糟的師父，

很可能在用負面的方法間接的教導你一些事情，
這時你必須細心觀察，勇敢反省，才能明白他的訊息。
但大多數的情況，
禪師使用負面方法教導，是因為用講的，徒弟會有聽沒有懂，
所以才必須用做的，讓徒弟親身體驗，徒弟才能重新選擇。
如果一個師父在面對不同徒弟時，
反應與教導方式完全不同，那他多半是個禪師。

放下外在師父

如果你是一個師父，
而所帶的任務是：提倡大規模的素食與打坐習慣、
鼓勵慷慨、打破眾人修行上的種種執著、
讓徒弟放下外在師父，而找到內在神性，
那麼你必須如何達成這些有時互相矛盾的「自殺任務」呢？
這是個「自殺任務」，因為你身為外在師父，
必須先收徒弟，然後讓徒弟放下你。
你會怎麼做？

取其精華

在讀書、修行、相處、及生活的所有層面，都必須取其精華。
書中有些訊息有用，有些無益，取精華用之，其它輕輕放下。

這包括生活中的所有東西，也包括修行團體及人。
在不同時間，對我們有益的東西也會改變。
如果改了，輕輕跟著變，無需否定已對我們無用的東西。

不同的人帶來不同的因緣、能力、及責任。
除非我們能看透這些因緣，是很難正確批評的，
更何況真能看透的眾生，從不批評，只幫助。

至於為何在一個修行團體中，會發生一些瑣碎的人事問題，
原因可以有很多，但最好的應對也是取其精華。
有益之處收為已用，無益之處輕輕放下。
試想若明天必須往生，今天會如何選擇**停放自己的注意力**？
會放棄那些事，繼續那些事？

聖人與壞人

問：

為什麼想到靈性上幫助我很多的善知識和師父，
有時心中充滿歡喜、感激與崇敬，有時又覺得他們有許多缺點，
讓人非常討厭、難以忍受、無法原諒？
是因為我在清理下意識，許多負面的東西跑出來？

答：

我執最喜歡做的事，就是與別人比高低。
我執最恨的，是比別人低。
我執最愛的，是比別人高。
當我執覺得自己比別人低時，
第一個反射動作就是把別人拉下來。
但我執沒事做時，就只想蓋高架子，把自己擺上去。

當一個人忘了自己是完美無際的愛，
他會以為自己就是我執。
然後看到一些莫名其妙的幻想，做出一些奇奇怪怪的事情。
一個愛的溢出，看不到假想中的高低與距離。
一個愛的溢出，不會花時間與人比高低。
只有愛的洋溢與流動，滋潤與灌溉。

師父與徒弟

明師來到世間的唯一目的是幫助我們靈性成長。
靈性成長包括許多方面，
有道心的長養，有戒律、靜心、智慧的加深，
有服務大眾的意願和技巧的練習，等等。
但不管是那一種靈性成長的方面，它背後的深層涵義都是：
放下小我（我執），成就大我（上帝、佛）。
所以當明師遇上徒弟，等時機成熟時，
他會用各種方式製造各種情況，
讓徒弟必須在大我與小我中重新選擇。
如果徒弟這一次沒有選擇大我，
上天及明師就必須等待下一個合適的機會。

徒弟找明師的唯一理由應當是為了靈性成長。
但許多徒弟因為身心意尚未統一，修行剛開始，
來到明師身邊時可能三心兩意。
又想靈性成長，又想抱持現狀。
又想靈性成長，又想飛黃騰達。
又想靈性成長，又想眾人仰慕。
又想靈性成長，又想你儂我儂。
又想靈性成長，又想名譽第一。
又想靈性成長，又想一勞永逸。
又想靈性成長，又想永遠抓住團體。
又想靈性成長，又想永遠抓住肉身師父。

又想大我，又要小我。

師父與徒弟之間的關係多半不會太和諧，
因為師父總是找機會謀殺徒弟的我執，讓徒弟下不了台，
而徒弟總是找機會抱緊我執，想讓師父下台。
除非明師遇高徒，才可能合作愉快。
除非徒弟實在太弱，師父只能安慰。

師父最擔心的就是徒弟執著、滿足於現狀，不繼續成長。
靈修必須親身體驗，師父光講給徒弟聽是不夠的，
徒弟必須親身體驗，親自選擇。
而師父必須提供選擇的機會與情況。
所有徒弟都必須在錯誤中學習，選擇中成長。
如果你要一個不會逼你選擇的師父，你應該找一個木頭佛。

師父最希望的是徒弟能放下所有執著，
用誠懇和愛心服務大眾。
用全心全意與上天溝通，行天之意。
師父不在乎的是你對他的執著。
師父不在乎的是自己的名譽與清白。
如果必須扯下老臉趕小鳥離巢，他會如是。
如果你必須離巢才能進行下一個階段的成長，
他會推你一把，逼你去飛。
他希望你能飛向天空，飛向上天。
但你也可以選擇停留在地面。

如果你要一個只會微笑的師父，
你應該找一個木頭佛。

沒有高徒是邊走邊罵的。
高徒能在所有的情況中學習，拿到檸檬做檸檬水。
高徒能記得所有學到的東西，保留有價值的繼續用。
高徒會勇於接受選擇的挑戰。
高徒能舉一反三，試著用師父和上天的眼光看事情。
高徒有信任，對上天完美的信任。
高徒有誠實，身心意統一的誠實。
高徒有容忍，因為毫不計較。
高徒有溫和，因為他們以柔克剛。
高徒有喜悅，因為他們無所懼。
高徒不設防，因為他們不妄想。
高徒喜給予，因為他我無別。
高徒有耐心，因為他曉得結果是好的。
高徒有開放的思維，
因為他隨時接受上天新的訊息、教導與價值觀，
隨時準備好繼續成長。

你是個高徒嗎？
你是上天最好的學生嗎？

完美的目標

情緒完美是只感覺完美。
思維完美是只思維完美。

永遠不斷的只感覺完美、只思維完美，就是表達完美。
表達完美也就是表達神性，是應該的。
在表達完美的過程中，
只要情緒是正面、肯定的，就沒有問題。
持續完美的**視野及思維**，同時**聆聽內在訊息**，做該做的事，
就是**天人合一**。

完美的視野與目標之間毫無矛盾。
完美的視野及思維，帶給你創造的目標及動力。
用正面、肯定的方式展現這些目標是上主之子的權利與喜悅。
完美的視野及思維，也是你最真實的品質，一刻都不能忘記。

當完美的視野變得如此自然，
如呼吸一般，不費吹灰之力，持續不斷，
完美的視野就成為豐富的創造力與管道，
為你有形的努力帶來無形而完美的助力。

完美的紀律

你總是在生命中追尋完美的自由，
認為自由是不受任何人事物的拘束，
能做自己愛做的事，去愛去的地方，見愛見的人。
自由不是一個漫無目的，毫無成長機會及挑戰的生命過程，
真正的自由是完美紀律的開花與結果。

只有完美的**身體**紀律，
才能使你成為身體的完美駕馭者，
使你的身體呵護所有生靈，使你的身體完全自然的放鬆。
這時你才能了解，
因為這個身體屬於上帝，你沒有權力替它擔憂。
這時你才能了解，
因為浩瀚蒼穹屬於你，沒有任何一個細胞需要抗爭。
完美的身體紀律成就了完全的放鬆。

只有完美的**情感**紀律，
才能使你化執著的情感為無盡的愛，
才能使你的愛漫布於萬有。
這時，因為你愛所有的東西，
你才能了解所有東西的意義與價值。
所有你了解的，都是你的。
因此，你擁有了全世界，因為你了解世界的意義與價值。
此時，感恩與讚美自然流露，美不勝收。

完美的情感紀律成就了王者之風。

只有完美的**思維**紀律，才能使你不斷的專注於永恆與無極，
才能使你看破分離與兩極。
這時界限與距離化為烏有，光明重現，
不再躲藏，無需恐懼。
完美的思維紀律成就了完全的開放。
完美的紀律～全然的自由。

左腳與右腳

何謂中庸？

中庸是不執著左腳，也不討厭右腳。
中庸是不崇拜右腳，也不鄙視左腳。
中庸是單純的明白：走路需要左腳與右腳。

如何向前？

向前走必須左右腳並用。
該的時候，左腳往前，右腳後。
該的時候，右腳往前，左腳後。
好玩的時候，雙腳一起往上跳！！

情感	思維
天愛	天意
時空內	時空外
主動打坐	被動打坐
有形上帝	無形上帝
外在上帝	內在上帝

漸次放下

問：舊習、執著難以改正，該如何克服？
答：
想放下某個習慣，釋放某個執著，
就好比不小心走到叉路，再走回來就好了。
走在修行路上，有時可能因為定力還不夠，
容易隨著外境浮沉，忘了最初立下的目標與方向。
這時，可以先尋求外力的協助，然後仔細檢查思想模式。

請求外力協助

當你認為自己的力量不夠時，可先請求外力協助。
可以向任何你喜歡的、與你有緣、願意信任的高等眾生祈禱，
無論是天使、指導靈、佛菩薩、上帝……都可以。
請祂們隨時護持在你的四周，為你結界，
協助你維持修行的氛圍和信心。
可以向祂們提出最誠摯的請託：
「我有這個習慣和執著，我想放下，請幫助我放下。」
這樣做會讓我們重新憶起宇宙的慈愛、豐盛、與寬厚，
明白與相信我們是隨時受到神聖力量支持與保護的神子。
心裡有了依靠，恐懼被移除之後，思維和情緒會更安定，
更容易專注在修行目標上。
平時持續做這個練習，可以**加強對上天的信心**。
讓祂們在日常生活、食衣住行中，都常常與你同行。

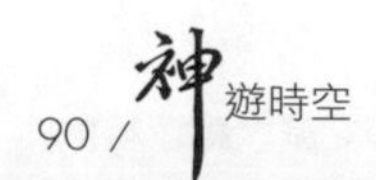

我自己很喜歡這個練習，也常常做，
無論是出門在外，還是在家休息，
我都會時時祈請「**四位大天使**」與我同行，
請祂們，有事提醒、沒事擁抱。

檢查思想模式

除了時時維繫對上天的信任，同時也要仔細檢查思想模式，
確認自己是否真的想改變習慣，是不是真的想放下執著。
因為，有時候是道理還沒想通，所以不敢貿然放手，
或者是，理智上接受，但情感上並不願意放手。
要對自己誠實，重新界定內在信念，
然後下定決心，停止做過去的自己。

習慣，是你不斷重複選擇去做的同一個行為。
它可能是你有意識培養出來的，也可能只是個無意識的舉動。
在你察覺到的當下，它就已經停止了。
但如果同樣的模式依然持續，代表你又主動去選擇它。
這時候我們要仔細分析更深層的原因與理由，
探究這個模式為我們帶來的究竟是好處還是壞處。
你必須查明，為何自己會決定再次選擇相同的行為。
多半是因為在某個層面上，你還相信可以從中得到某種好處，
否則你不會想要這麼做。
「覺知」就像一道光，所經之處黑暗盡除，
所有的奇思異想在光的照射下，無所遁形。

你會慢慢看清，自己苦心捍衛的，不過是重重虛假的幻影。
你會漸漸明白，自己為了抗拒改變所編織出來的，
不過是種種美麗的藉口。

認識、知道、看清了以後，就比較不會重複做一樣的事情。
當你明白，這件事並不會為你帶來快樂，就更不會去做了，
因為再也沒有理由去選擇它。

從裡到外都決定不再體驗的時候，這件事才會離開你的視野。
這是一個「**去蕪存菁**」的過程，讓你重新選擇、逐漸清醒。

繩鋸木斷，水滴石穿，
目標若明確，持續練習必定會收到成效。

問：
無名火也可以用觀察的方式放下嗎？
答：
可以，其實火苗一直都在，只是被壓抑或是尚未被發現。
專心觀察自己情緒的起伏，就不會有無名火。
如果發覺自己的情緒在起伏，就應該及時做出紓解的動作。
無論是寫日記、運動、靜心、或是種花，任何不傷害別人、
可以協助轉移注意力、可以讓你放鬆的活動，都會有幫助。
我自己如果在生活中出現不滿，會用寫日記的方式記錄下來。
在電腦上抒發情緒，想說什麼就輸入什麼，一鼓作氣全打完，
到後來，該說的話說完了，氣也就消了，

甚至還可以在文字記錄裡發現許多靈感。

在成長的道路上，每個人都有專屬的課程要學習。
自責與批評越多就越放不下，
因為頭腦越想就越混亂，無法平靜下來。
所以，不要一直掙扎、一直在意自己怎麼還沒放下，
分辨一下，那些執著會不會傷害別人，會不會造惡業，
會傷害的就趕快停，不會傷害的就慢慢來，沒有關係。
放輕鬆，給自己時間與空間。
總有一天會做到不想做，膩了自然就會放下，所以不用急。
看清楚自己目前所遇到的挑戰，慢慢去面對、慢慢去克服，
總有一天，你會走過它，也會放下它。

砍我執

每個人在靈修道路上被砍我執的考驗都不一樣。
有些人的考驗是生離死別，有些人的驚心動魄，
有些人經歷的考驗很細膩，每個人的差異很大。

在社會裡，有各種人際關係來磨練你、折騰你。
有許多刀子在刮你，刮到有一天，我執不知不覺的消失了。

有一些出家人，人際關係看起來很簡單，
沒有配偶、沒有小孩、沒有客戶……，唯一的老闆是師父。
所以在道場裡面，為了快速達到砍我執的目的，
師父需要用大刀來砍。
師父也可以用愛心，慢慢感化徒弟。
用愛心去除我執，過程比較舒服，感覺很美，時間會久一點。
如果你不在乎時間，那麼，「愛」是理想的道路。
有的人認為在道場就是在師父的懷裡，
過完餘生，到天堂去，從此無憂無慮。

進入一個道場，就算師父是假的，上天也會派刀子下來。
因為，人就是要成長、要開悟，不管你是不是在修行，
不管你到那一個法門裡，都必須成長。
上天一定會設法讓你開悟。
尤其當你碰到一個真的要讓你開悟，真的有智慧的師父，
他的刀子會來得更快速、更精準，好讓你醒來。

當刀子砍下來，一定是殺到我執的痛處，
血流到我執快死的時候，彷彿就只剩下一口氣，
渡過那段時間後，就會發現人完全改變了。
雖然，每個人被考的項目都不一樣，
但是它有一個共同的主題：**放下執著**。
當你過了那一關以後，你才會把「人生的幻相」看得更透澈，
看透澈了以後，人會很輕鬆。

這個世界就像一齣戲，每個人都在扮演自己的角色，
每個人內心深處都跟上天說：
「請讓我醒來！讓我看到，我是在演戲。」
上天在時機成熟時，就把你的戲服扯破、撤換故事的角色，
在這過程中，我們會尖叫，甚至忘了自己對上天的請求。
當我們清醒時，會好高興的說：「原來如此，謝謝祢！」

脱衣

每一件衣服是一個角色
每一件衣服是一個故事
一件是父母子女
一件是姐妹弟兄
一件是為人夫妻
一件是職員老闆
一件是師父徒弟
一件是同修朋友
一件是國仇家恨
一件是修行放蕩
一件是富有貧窮
一件是聰明愚痴
一件是好人壞人
一件是膽小勇敢
一件是內向外向
一件是高尚下流
一件是個人風格
一件是多聞無知
一件是飛黃騰達
一件是落落寡歡
一件是犧牲自私
一件是恐懼勇敢
一件是含冤

一件是錯怪
一件是美醜
一件是對錯
一件是病痛

一件又一件
脫了又再脫
脫到什麼都沒有
什麼都不剩

卻見
白光金人，棄衣而現
靜謐無語，猶如新生
超然潔淨，不染塵灰
瀟灑自在，如如不動
轉息之間，化遍蒼穹

回歸之後，衣挑一件
輕輕掛身，隨喜展現

愛與靜心

*

人類經由提升振動頻率回歸上主，

而提升振動頻率的機制是：愛。

愛是焦點，是偉大的層次轉換者。

當人類敞開接受宇宙之愛，

（例如：兄弟情誼、同一體、博愛、和光），

人類就越來越親近上主。

當人類的振動頻率提升，與同一體的距離就漸漸消失了。

基本上，提升振動頻率讓人類的體驗更加擴展。

這功能會帶領人類更接近同一體，而同一體是最寬廣的體驗。

*

～摘譯自：赫萊瑞恩系列《新天新地》～

感謝

親愛的內在上帝，親愛的外在上帝，
親愛的所有天使～感謝我們的同一體。
感謝祢們的指引。感謝。

親愛的上帝，我愛祢。
親愛的上帝，感謝這完美的一刻。
親愛的上帝，感謝這完美喜悅的一天。
親愛的上帝，感謝祢賜予我完美的生命。
親愛的上帝，感謝祢與我合一。
親愛的上帝，感謝祢賜予我完美的自由。
親愛的上帝，感謝祢幫助我永遠都能在所有方面展現祢的完美。

愛與靜心

問：
有哪些方式能幫助我們修行？
答：
奧修說過，修行有兩種主要方式：
一種是用「愛」修行，一種是用「靜心」修行。
兩種方法一起使用也是可以的，可能更有效果。

愛的過程是在「合一」。
一次愛一樣東西，愛它的時候，就與它合一了。
要進入同一體，最方便的方法是以愛修行。
因為當你愛得越多，愛得越深，愛到最後，
連宇宙萬物都在你的愛之內，你就和萬物同一體了。

靜心的過程是在「**放下我執**」。
修行過程中，不停的靜心，不停的放下我執，
到了最後，一定還剩下一個很細微的我執：「我」。
因為只有「我」，才能主動去除東西，才能有這個動作。
最後，要連這個「動作」都停下來，然後，讓整個宇宙充滿你。
所以，想由靜心進入同一體的人，在途中會遇到一個小關卡：
就是連「追求靜心，放下我執」這個動作，到了最後也要放下。
但是，通常這也是靜心修行者最不願意放下、最執著的東西。
所以，想透過靜心放下我執進入同一體，
途中要經歷的困苦通常比較多，內心的掙扎也比較多。

選擇用愛進入同一體時，
通常，在靈性成長的過程中，比較不會遭受到苦難的打擊。
但是，用靜心砍我執的方式，速度會快一些。
一樣一樣愛，愛到包容宇宙一切萬物，速度會比較慢一點。
可是最終也沒什麼差別，因為時間並不需要成為你執著的東西。

問：
如何去愛？
答：
由近及遠，先從家人，再擴大延伸到外界的人、事、物，
延伸到動物、植物、礦物……對一切有形的眾生，
你都充滿了愛。
接下來，你的愛繼續延伸到沒有物質形象的一切，
在愛的過程中，你不斷在擴展，品味變得越來越細緻，
你的愛和你的敏感度，使你能夠和靈界的眾生溝通，
你對靈界的眾生越來越了解，也充滿了愛。

愛得越深，你越能包容眾生所有的情緒和思維。
因為，各種無奇不有的思維都是宇宙的一部分，你連這些也愛。
愛到最後，沒有什麼條件，沒有什麼理由，
整個浩瀚的宇宙你都愛，都在你愛的羽翼的保護之下。
這整個過程沒有什麼刀子在砍，
所以路會比較順，也滿詩情畫意的，只是時間上久一點。

以愛學習

愛是超越因果的，因此，以「愛」學習時，成長非常快速！

有些比較親密的靈魂團體生生世世在一起學習、工作和成長。
因為，靈魂有自己的獨特性，團體成員仍有自己的發展空間，
當他們在物質界投胎時，可以選擇不一樣的課程和任務，
回到靈界時，會有一段休息時間，他們可以互相交流。
那種交流是能量和磁場的交流，就好像～光與光的交流，
靈魂在一生中學會的經驗、感受到的事物、與領悟到的事情，
都可以藉這個機會交流。
交流之後，團體的其他成員就好像也學過這些事情，
可能就不必再來做一樣的事情。
有些人下意識裡還知道自己的靈魂團體是哪一些，
在夢裡仍經常與他們有密切的溝通。
因為在靈界的時候，肉體的分隔感放下更多，
對於「我」的定義在靈界又鬆一點，
有時候，不同的靈魂團隊之間，也是以這樣的方式交流，
可以節省許多時間。

由於課程是在靈界交換得到的，
所以查到的前世記憶，不見得是自己的體驗，
而是靈魂團隊裡其他成員的體驗，
所以在推算前世日期時，若時間上不吻合，會感覺不合邏輯，
懷疑查到的是否是幻象，
或自己前世應該不像是會做這種事的人，

其實，那是整個靈魂團體的記憶。

互相分享的時候，學習會越來越快，
我們在不同境界裡學習，速度會不一樣，
當我們在物質世界時，是以時間換取經驗，
在靈界時可以用「交流」換取經驗。
交流的前提是，放下我執。
如果我執很大，覺得自己很特別，是唯一的，只想獨當一面，
覺得自己不屬於任何團隊，連自己的靈魂團隊都排斥的話，
那是在閉門造車、孤軍奮戰，就只好用時間換智慧換經驗。
但如果你覺得，好棒喔！我們是同一團體可以互相交換經驗，
當你把心打開時，你們的經驗互換、智慧互換，
這情況不一定要在靈界才能發生，
在物質世界時，如果一個人頭腦夠放鬆、心很開放的時候，
學習不需以時間換智慧，可以用愛換智慧！

「**愛**」是一個快速法門，
如果你喜歡哪一位聖人、哪位明師、喜歡哪個經驗，
就以完全的愛融入，**「愛」就是「交融」**。
所以你就～愛他！愛他！～對他真正開放、對他完全不設防！
你們就會開始直接的交流，在這當中你學習了他的經驗，
你不必重蹈他以前的過錯，或感受他以前所經歷的苦難。

練習愛心

一個打開心輪的好方法：
選定四個人，
第一個是非常自然就全心全意愛的人。
第二個是算有好感的人。
第三個是毫無感覺的人。
第四個是令你反感的人。
選好後，每個人觀想三分鐘，從第一個人開始，到最後一個。
想第一個人時，想他在我們面前，
然後觀想我們的心輪大開，愛的能量自動沖流到他身上。
因為第一個人是我們本來就愛的，
所以我們會很自然的感到愛的能量流動。
三分鐘一到，馬上把第一個人換成第二個人，
但愛心的流量必須保持不變，心也要保持一樣開放。
這時會感到心輪有縮小的傾向，
但要用意志力逼它打開，保持愛心流量。
如此一般，直到四個人都觀想完畢，共十二分鐘。
這個打坐有三個好處：（取自：Hilarion, Body Sign, page 64）
可使自己在比較中感受到愛的能量是什麼。
可使自己有意識的感受到心輪的存在。
可使自己明白心輪對不同人的反應。

打坐的目的

祈禱。

祝福、加持。

回復體力，靜心，享受培養身體、情感、思維的紀律及一致。

創造，回收。

進入不同層次。

接受三種來源的指引放下身體。

與上帝萬物合一。

每一個不同的打坐目的，會有不同的技巧。

心與智慧眼

情感眾生最大的挑戰是**情緒的掌握**，掌握情緒需要理智。
注重在**「智慧眼」的打坐**，可培養思維的成熟。

思維眾生最大的挑戰是**缺乏生命力**。
心是生命力的泉源。
以「心」為主的打坐，可啟動愛心與生命力。
以心為主的打坐是以「愛」為主的打坐。
心的打坐，以愛為出發點，以愛為過程，以愛為目的。
心的打坐必然是關係的昇華與完美，
這關係可以是人事物的各種組合。

心的打坐可以有許多不同的方式（請看：練習愛心），
但任何以心為主的打坐必定起於一念。
這一念，已是「智慧眼」的集中了。
一念之後，又必須以主動打坐來開始這以心為主的打坐。
這主動的過程，也是智慧眼的繼續集中與運行。
這道理不光是在心的打坐上，在任何的打坐上都如此。

人生中的種種選擇，也都是在訓練智慧眼的集中。
因為，作選擇其實是智慧眼的練習與成熟的過程。
所以，人必須**在選擇中成長**。
在修行過程中，每個眾生都必須在思維與情感上學習。

有時主修思維，副修情感。
有時主修情感，副修思維。
如走路一般，
有時左腳前，右腳後，
有時右腳前，左腳後，
在不斷的一前一後中，向前進。
在不斷的一前一後中，
更深的掌握情感與思維，
更深的展現愛與智慧。

不同的國家是不同的靈修教室，
不同的教室教不同的課程，
不同的眾生需要不同的課程，
課程類似的眾生便聚集在同一個國家。
某些國家專教情感眾生，某些國家專教思維眾生，
因此不同的國家會需要不同的打坐方法。
直到一天，所有眾生品質相當，也就不需要不同的打坐方法。

專注於智慧眼

人體的能量系統

宇宙裡的一切都是能量組成的。
身體、情緒、和思維的基本單位也是能量。
如果調整能量，那麼身體、情緒、和思維也會有所改變。
如果身體、情緒、和思維的習慣改變，
那麼它們相對的能量也會被改變。
人的身體，以能量的層次來看，有七個能量輪。
每一個輪有它在身體、情緒、和思維上的影響。
不同人的能量輪之間也可以有所互動。（請看：能量輪）
每個能量輪涉及的重點有：
轉速、開放的程度、色澤、與其它輪位的對比和關係。
七個能量輪屬於一個能量系統。
一個能量輪開得比其它輪都大，對整個系統並沒有好處，
七個能量輪的完美配合才能展現整個能量系統的良好運作。

能量系統與自由意志

人的自由意志是上天賦予的。
如果沒有自由意志，那就只會是一團能量。
因此，能量是基礎，而自由意志是超越能量並且主控能量的。
在時空世界裡，能量的不同表象也許可以暫時阻礙自由意志，
但最終，自由意志必將主導能量。

兩種開悟的方法

靈修的目的在於使
「神性」完美的主導靈魂，
「靈魂」完美的主導思維，
「思維」完美的主導情緒與行動。
在這個過程中，能量的狀況也將趨於完美。
因為，**能量**與**身心意**互為表裡。
開悟可以從調整「**能量**」下手，
或從調整「**身心意**」的習慣開始。

事實上，大部分的人無法清楚的看到自己或別人的能量狀況。
他們無法看到能量的顏色、流向、速度、與和諧度，
也無法找到有此能力的老師。
一個人若自己迷迷糊糊，不耐煩的在能量上橫衝直撞，
也許可以有某些特殊的體驗，但若沒有成熟的心智，
則多半無法充分從體驗中得到好處。
甚至可以很容易的燒壞自己的神經系統，
造成身心意的不適與混亂。
但是，大多數的人可以輕鬆的反觀自己身心意的習慣。
所以從實際的運作上來看，
從調整「身心意的習慣」開始，是適合大多數人的開悟方法。
修改身心意上的負面習慣，是平凡穩定的成長方式。
隨著身心意的進步，能量輪與能量系統也逐漸美麗和諧。

專注於智慧眼

在考量專注於智慧眼的好處與壞處時，
必須對主動與被動的打坐有所認識。

採用「被動打坐方式」時，
專注於智慧眼有兩個主要好處：
1. 可幫助情緒眾生刺激思維的成長。
2. 可學習持續的注意。

專注於智慧眼可能會有兩個壞處：
1. 若以「主動打坐方式」過分刺激思維，
   對於偏思維的眾生，可能造成能量輪之間的不平衡。
2. 如果以為專注於智慧眼是開悟的唯一需求，
   可能會進步很慢。

專注整體能量系統

如果你對於能量非常有興趣，
希望體驗用能量來幫助自己的靈修和成長，
但又無法清楚看到能量系統，
或無法找到可以隨時溝通的能量老師，

下列的方法可以讓你安全的提昇自己的能量：
在主動觀想提昇能量時，
觀想整個身心意的能量，
而不是用主動打坐方式試圖調整獨立的某一個能量輪。
用你的自由意志引導出美麗、光亮、和諧的整體能量系統。
放下部分細節，專注於整體。
你只需要知道要買什麼房子，
不需要自己蓋出整棟房子。

主動與被動打坐

在講電話時，有話筒與聽筒。
一個用來說話，一個用來聽對方說什麼。
一個是主動送出訊息，一個是被動接受訊息。
如果兩個人一起講，就什麼都聽不到。
如果兩個人同時聽，事情就不會有進展。

打坐同樣有主動與被動之分。
主動打坐是祈禱、祝福、加持、創造、改變、參與、觀想。
被動打坐是聆聽、放下、允許、接受指引、接納、觀看。
修行人應當熟悉主動與被動的打坐，
才能在適當的時候正確的使用。

主動打坐～主動觀想，有利於創造。
可創造身體健康、豐盛富裕、或其他事物。
可培養思維的光芒和強度，思維更清晰有條理。

被動打坐～頭腦放空，有利於取得訊息和靈感。

問：

如何選擇主動與被動打坐？

答：

必須先明白你「打坐的目的」
所有打坐都是一種關係的進行與演變。
舉例來說，如果今天打坐的目的是為了祈禱，
那麼在祈禱這個舉動中起碼會有三個參與者：
你、上帝、與你希望改變的事物。

在祈禱的過程中，會有下列的事情發生：

1. 告訴上帝，你希望改變或發生的事。（主動）
2. 靜下心，聆聽和接受上帝給予的靈感。（被動）
3. 收訊息後，身心意全力配合來自上帝及內在的指引。（主動）
4. 盡人事之後，放手讓事情自然展現～聽天命。（被動）

依此類推，當你明白今天為何打坐之後，
如何選擇主動與被動打坐不是困難的事。

記得，主動打坐經常是帶領我們進入被動狀態的橋樑。
所以，許多時候，你必須在一場打坐中主動與被動都用上。

打坐的姿勢

選擇打坐的姿勢必須有兩種考量：

1. 以能量為主的打坐。（請看：專注於智慧眼）
2. 以心念為主的打坐。

以體內能量為主的打坐，在姿勢上的要求甚嚴。
但因為每個人的狀況不同，每個法門的不同，
沒有一種固定的公式可以套用給所有的人。
如果你的打坐是以運走體內的能量為主，
那麼你必須請教你的打坐師父告訴適合你的方式。

如果你的打坐是以心念的停放為主，
那麼姿勢的選擇有下列的考量：

1. 能幫助你完全放鬆，放下身體意識。
2. 能幫助你保持清醒。
3. 能讓你持續固定姿勢一段時間。

在這三個前題下，
你可以試用各種方法，然後自己選擇最適合你的姿勢。

放鬆

許多修行人以為提升靈性是要很努力的往上爬，
他們想要到天上找到光，卻不懂得要放鬆。
其實，放鬆是很重要的。
應該以靜心、打坐、或催眠的方式放鬆，
讓自己往下沉或向上漂浮，
一直放鬆、不停放鬆……
最終抵達人類的共同意識，
那是智慧的源頭、無量光、天火。

選擇咒語

使用咒語的人可以有許多不同的理由，
但咒語最高的目的是「**靜心**」和「**與萬物同一體**」。
咒語的過程是：
朗誦，細讀，默念，進下意識，入超意識。
在不斷的反覆使用後，
它可助你靜心，清洗下意識，進入超意識。
念咒時，應念入全身所有細胞、器官、神經及骨頭內，
使每一句都在體內閃閃發光。
咒語會使你面對許多自己的負面情緒、思想及習慣，
讓你有機會超越它們。
在你最需要的時刻，咒語會像最忠誠的朋友，提醒你一笑置之。
從惡夢到美夢，然後進入無極。
咒語不需要是別人給你的，因為內在上帝與你並無分離，
你內心真實深切的渴望，必能得到回應。
咒語如擁有下列幾種特質，則效果更佳：
◇ 使你記起上帝
◇ 視目前的煩惱已解決
◇ 提起「感覺」，使輕鬆進入下意識
◇ 幽默，使你微笑，使你喜歡念
◇ 短，順口，容易記

如果你經常不自覺的緊張、擔憂，
或對許多莫名之物設防，而導致全身緊繃、身體不適或疲勞，

那麼學習**身體的放鬆**可解決你目前的煩惱：
「我希望能學習身體的放鬆」

所有的咒語都應該使你記起上帝：
「親愛的上帝，我希望能學習身體的放鬆」

所有的咒語都應該視目前的煩惱已解決：
「親愛的上帝，我已學到身體的放鬆」

所有的咒語都應該提起「感覺」，使輕鬆進入下意識：
「親愛的上帝，我感到身體的放鬆」

所有的咒語都應該幽默，使你微笑，使你喜歡念：
「天啊！我感到身體的放鬆」

所有的咒語都應該短，順口，容易記：
「**天啊！我感到完全放鬆**」

雖然聽起來不太神祕莊嚴，但能抓老鼠的就是好貓：）

你會替自己選擇什麼咒語？

本尊

本尊是一個與你有緣的高靈或佛菩薩。
把本尊當作一個神聖的目標，
時時刻刻念誦祂的名號，閱讀祂的經典。
本尊會在這個過程中幫助我們**調整頻率、穩定能量**。
通常，體質較敏感，或有皈依宗教的人，較容易實踐這個方法。

這些高靈或佛菩薩的真身是無限充沛的能量。
當你念誦祂們的聖號時，就像是在打電話送出邀請。
如果你有任何問題想請教，祂們會接起電話回應你，
可能透過夢境或是其他方式，在日常生活中為你解答。
當你念誦本尊的名號時，
若身體磁場有較虛弱的地方，祂會慢慢幫你調整和補足，
若遇到危險或困難時，祂會幫助你、護持你。

本尊的意義，在於祂能讓你全心交託，
練習的重點在於你與本尊親近的程度。
不斷練習本尊法，直至變成潛意識的反射動作。
遇到任何問題時，立即想到祂，
遇到危險時，第一個反應就是呼喊祂的名字。
這練習完全信任與反射速度的階段，也是在學習與本尊親近。

有三種方法能找到自己的本尊：

如果有任何佛菩薩在你打坐時或睡夢中來找過你，
或是讓你看到祂，那就是你們之間有緣分。

若有不同的人一直重複送你同一個本尊的東西，
那是祂在提醒你，你與祂有緣。

你喜愛的本尊。
若覺得自己對某一位高靈或佛菩薩特別有好感，這就是緣分。
畢竟當你喜愛這位上師時，你以祂修本尊法會更輕鬆容易。
就算是只喜歡某位本尊的經典也可以，
也代表你喜歡祂、想親近祂。

如果你喜歡的是聖人或天使的形象，也可以用本尊法練習。

每個人都可以透過這個練習方法，慢慢和本尊親近，
逐漸把本尊的能量變成自己的能量。

能量不穩定的人，建議先學習找到自己的「本尊」
～能補充能量磁場的**靈性贊助者**。

上師相應與本尊法

讓我視你所見
讓我聽你所聞
讓我受你所感
讓我明你所知
讓我說你所講
讓我做你所為
讓我們同一體

上師相應與本尊法，是方法一樣，但對象也許不同。
但上師可以是本尊，本尊也可以是上師。
這個方法是需要「形象」才能開始的一個修持方法。
在開始的階段，選擇自己最喜歡的本尊或上師。
接著，在打坐時想像自己與上師的能量、身體完全重合在一起。
練習用上師的眼光看世界。
遇到問題時，想像如果你是自己的上師，會採取什麼樣的觀點？
會怎麼做？與自己原本的看法和作法有何不同？
在相應之後，你與上師內在的聯繫就會更緊密，磁場也會共鳴。
你的思想、情感、慈悲、和愛都與上師的融合為一。
上師的智慧，在你需要的時候，會馬上出現，
就好像是你內在的一部分，沒有差別。

相應，並不是指外貌或外在行為的相像。
有些徒弟，注意力大多放在上師的外表與行為上。

他們喜歡和師父穿一樣的衣服，戴一樣的飾品、帽子……。
練習到後來可能和師父長得很像，連說話的語氣也很像，
但他們只是在「模仿師父」，並沒有了解上師相應的內涵。

然而，在印度，很多家庭有祖傳的法門和師父。
許多人小時候，家裡都會掛著家庭師父的照片。
有些人從小就看著師父的照片，深愛師父，專注於靈修，
其實，這就是在練習上師相應法。
他們很幸運，從小就可以開始練習這個方法。

也許他們年紀小的時候還分不清楚內在與外在，
所以，外在長相也會練得與上師很像。
但是，當他們逐漸明白上師相應法的內涵，
內在也會開始相應，這是他們成長過程的一部分。

問：
可以同時與多位上師相應嗎？
答：
我個人比較喜歡一次與一位上師同一體。
因為，這就像是吃東西，
一次吃一道菜時，可以慢慢品嚐那盤食物特別的味道，
而且之後還可以比較。
雖然，許多師父與聖人已經感受到內在的一體性，
但是，在時空中，他們有各自的辦公室，也和不同的眾生有緣，
所以，服務的方向和方法也會不同。

與不同的師父與聖人相應時，
你可能會感受到不一樣的振動，或不一樣的觀點。
雖然，最後所有眾生都是一體無二的，
但他們幫助眾生時，所專精的、常用的方式和能量會不一樣。

修持上師相應法，是為了體驗到同一體。
一般人大多需要以漸進的方式來領悟同一體。
「上師」也代表了「宇宙」。
持續練習與上師相應，一直不停的練習，
有一天，你會明白如何相應宇宙、和宇宙同一體。

助人時的建議

不同靈魂年齡的人都可以修上師相應法，
但是，他們修練的目的大不相同。

靈魂年齡一～三級的眾生，
注意力與眼光通常還在物質界打轉，
可能練到最後只有行為長相與師父一樣，
沒有與師父的內涵相應。

四、五級的靈魂，練習上師相應法的目的有可能是為了發財。
五級以上的靈魂，才開始慢慢對靈界產生興趣，
才會開始與上師的內涵相應。

觀想無極，感知同一體

上師代表通道、門道，
最後的上師相應是與「**無極**」相應。
這方法與形象架構還有一點點關係，
因為，在靜坐中觀想無極時，通常放眼看去是宇宙的一切，
它有一個時空的感覺，包括所有物質世界，非物質世界的宇宙，
甚至包括所有已創造和未被創造的世界。

觀想無極時，是把所有存在的架構都融入到你的內眼。
然而，同一體時，是超越架構，放下架構，或無形無相。
這裡有一左一右的對比，
左腦觀想無極，右腦感知同一體，
兩個角度要合在一起。
從我為本位去觀想無極，感知同一體時，
你就變成所有的一切在體驗一切。

觀想無極時，同時觀想最小和最大，
這會產生一個強烈的對比，
最小和最大之間的距離代表無極，
會使你感知到同一體、進入另一個世界，
會影響你的感知與感受，而做得越久，領悟越深。

練習進入同一體

問：

有方法可以練習進入同一體嗎？

答：

有一個簡單的方法，就是我們在聚會時手牽手的祈禱。
大家手牽著手為了更宏偉的目標祈禱時，自然會放下自己。

打坐的好處是能夠幫助我們靜心。
但是，打坐大多是單獨的，所以可能有人會認為，
開悟、體驗同一體都是自己一個人的事情，
認為「我用很多的時間努力打坐，所以我就能進入同一體。」
可是，這個概念本身有一個矛盾，
因為，同一體是「與眾生在一起」，
不可能拋下眾生自己獨自一人同一體。
一個人在山洞裡打坐確實比較清靜，比較容易放下外緣。
但想要這樣進入同一體有困難，因為思維上容易有偏差。

對於執著肉身及世俗關係的人，
例如，執著親情、愛情……緊抓別人不放的那種人，
他們依賴性很重，離不開社會，沒人陪伴就非常害怕。
這樣的人如果能到山洞裡修行一陣子，會比較平衡，
不會一沒看到人就發慌。
如果一個修行人已經放下形象與外緣到某種程度，
他還一直在山洞裡打坐，就不容易感受到同一體，

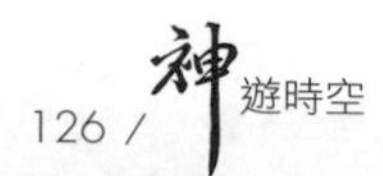

這種情況的人，應該要練習在生活中與眾生互動。
向內與向外的修行要保持平衡，
就像走路，一下左腳，一下右腳，缺一不可。

許多剛學打坐的人，對能量會有很強的戒心。
他會說：「那個人好像磁場不好，我碰到他時全身都會痛。」
如果還抱持著這樣的概念，就不可能感受同一體。
因為，同一體是和所有眾生在一起，完完全全融合在一起。
為了同一體，必須超越某些恐懼。

大家手牽手一起祈禱，看起來是件容易的事，
卻是輕柔放下我執，一起進入同一體的簡單方法。
我們在聚會中都會手牽手一起祈禱，
就是為了提醒大家：「我們是一體的，不分你我。」

與上帝同一體

當我們只想要上帝，而不是要上帝能給的東西時，
我們的深層靈修才真正開始。
如何才能得到上帝？
只有和上帝同一體時，我們才能得到真正的滿足，
也才能確定我們得到了上帝。

如何與上帝同一體？
從我們自己的身體開始，
讓它與有形的上帝合二為一。

有形的上帝可以有不同的形象，依各人因緣背景不同而各異。
每個人也必須用自己的靈感來選擇適合自己的有形上帝。
觀想有形的上帝時，
應觀想有形上帝與自己的肉身重疊，能量交融，毫無牴觸。
應觀想自己的**身體**、**情感**、**思維**，
與有形上帝的**能量**、**愛**、**智慧**，
完全合一，毫無不同。
在處理人事物時，完全以上帝的能量、愛、與智慧來面對。
這就是：禮拜有形的上帝。

情感眾生以**愛**與崇仰在禮拜有形上帝時，
得到了上帝無限**智慧**的加持與穩定，
思維日漸成熟，完美無瑕。

思維眾生在禮拜有形上帝的**美德與力量**時，
得到了上帝充沛愛力的洗禮與滋潤，
愛心日現原形，真我重現。

神聖的一刻

神聖的一刻是我們對於上主的一體性的感知，
也就是我們與上主同一體時產生的感受。
如果目前無法感知上主、無法體驗神聖的一刻，
可以練習用「演戲」的方式進入。

演戲是一種觀想方式。
認真參與演出、揣摩角色內心，
並用最適合這個角色的方式表演出來～演什麼，像什麼。
假裝自己本來就可以感覺到上主的存在。

觀想：
　　如果我已經能夠感知到上主。
　　如果是上主在做這些事，祂會用什麼方法？有什麼反應？
觀想，是通往各個世界的橋樑。
觀想，會帶你進入想像的境界。
觀想愛的能量、觀想上主、觀想無量光。
將你的注意力停放在「神聖的上主」。

如何觀想「神聖」？
神的感覺，是「普及萬物」。
如同你和大家完全同一體，沉浸在神聖的氛圍之中。
覺得自己包含了整個星球、宇宙……
你體驗到超越物質的能量，體驗到自己超越了所有的時空世界。

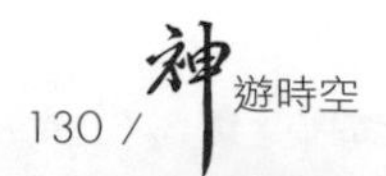

你專心、平靜的處理自己手邊的事。

感覺不到過去或未來，只是活在當下這神聖的一刻裡。

手牽手的祈禱

讓我們邀請
神性之母、耶穌、
大天使Michael、Uriel、Raphael、Gabriel
和所有來幫助這次祈禱的天使們，來到我們身邊。

請大家選擇自己感覺舒服的方式坐著，
讓我們透過深呼吸的方式放鬆，
請做幾次深呼吸，
感覺全身心的每一個細胞都在一起呼吸……
慢慢的開始放鬆自己的身體。

讓每一個腳指頭完全放鬆……
讓小腿完全放鬆……讓大腿完全放鬆……
讓尾椎完全放鬆……讓脊椎完全放鬆……
讓腹部完全放鬆……讓胸部完全放鬆……
讓每一個手指頭完全放鬆……
讓整個手臂完全放鬆……
讓脖子完全放鬆……讓頭部完全放鬆……
讓臉部的每一個肌肉完全放鬆……
感覺內在變得平靜，安詳……

現在我們開始接受**真實的世界**。
所有我們看到的，都變成無限強烈的白光。

白光越來越亮。所有我們看到的，都變成**無限流動的能量**。
白光越來越強。所有我們看到的，都變成**無限擴展的愛力**。
白光越來越強。現在我們看到**真實的自己**。
我們安住於強烈的白光之中。

我們是同一體的。
我們是**無止境的強烈白光**。
我們的光體沒有界限，我們在白光中合一。
我們現在**用「同一體的眼光」看世界**。
所有的「**形象**」都消失在我們無限的白光和同一體之內。
從最強烈的白光之中，我們遙望地球。
用同一體的眼光，我們清晰的看到地球上的一切。
用同一體的聲音，我們以真實的權威說出我們的旨意。

我們從浩瀚太空中，俯瞰地球，看到這個會場。
我們看到許多身體在這個會場，環坐形成一個圓圈。
在浩瀚太空中，從最強烈的白光內俯瞰地球，
我們看到「**天愛能量**」從白光中射出，
傾注進入這些身體的頭部。
在浩瀚太空中，從最強烈的白光內俯瞰地球，
我們看到頭頂上方有閃爍的，充滿愛的能量，
開始經由身體頂輪慢慢的流入，沿著脊椎流入這些身體。
愛的能量和光芒在脊椎中流動，並且開始向外綻放，
進入這些身體內的每一個細胞……

在浩瀚太空中，從最強烈的白光內俯瞰地球，
我們看到這些身體充滿著愛的光芒，
現在天愛充滿著這些身體……
天愛的能量不斷流入這些身體，開始向外延伸。
這些身體藉由光芒彼此連接，成為一個「愛的光環」。

在浩瀚太空中，從最強烈的白光內俯瞰地球，
我們看到天愛的能量越來越強，不斷向外延伸，
充滿了整個會場……充滿了整棟樓房……
充滿了整個街道……充滿了整個城市……

在浩瀚太空中，從最強烈的白光內俯瞰地球，
我們看到天愛的能量繼續向外延伸，
充滿了整個國家，充滿了整個地球，
這能量與同一體愛的能量融成一片，成為一體，
整個宇宙在一片「**光明愛海**」之中。
現在「**天愛**」正完美的運作，
天愛和諧一切，天愛調整一切，
天愛治癒地球，天愛治癒人類。
經由天愛，奇蹟般的改變得以發生，
讓天愛響亮而清楚的敲打每個人心靈的音符，
我們聽到人類心靈的歌聲在遠方和近處迴響。
我們心靈之歌的節奏和旋律洗去不必要的架構，
並在地球上表達上帝的完美。
我們看到地球平靜、安詳、充滿愛的完成這次歷史性的進化。

看到所有人**心想事成，迎向富裕**。
天愛，感謝祢所表達的完美！

親愛的天父、神性之母，
感謝祢決定我生命中所有層面和一切的細節。
親愛的耶穌、大天使Michael、Uriel、Raphael、Gabriel
和所有參與這次祈禱的天使們，以及指導靈，
感謝我們的同一體，感謝祢們的指引！
謝謝大家！請大家合掌，睜開眼睛。

親近上主的靜心

閉上眼睛，放輕鬆。
調整姿勢，讓背部挺直，舒舒服服坐著。
慢慢的呼吸，規律的呼吸，感覺：
頭部放鬆 臉部放鬆 眼睛放鬆 嘴巴放鬆 頸部放鬆
肩膀放鬆 手臂放鬆 手指放鬆 胸部放鬆 腹部放鬆
背部放鬆 臀部放鬆 大腿放鬆 小腿放鬆 腳指放鬆

現在感覺自己開始向上飛升，以緩慢而舒服的速度向上飛升。
往上飄的時候，可以欣賞不同色彩的光，
越往上飄，光的明亮度會越來越強。
現在看到前方有一扇很漂亮的門，飛向門，門會自動打開。
這是上主的殿堂，靜靜觀看殿堂裡有什麼？

現在，向上主說：
請顯示最適合我親近祢的形象！
讓我能清楚的看見祢，清楚的聽見祢，
讓我能深深的感覺到祢！

上主對你的愛超越了一切，所以祂給的形象最適合你。
最適合讓你去了解祂，最適合讓你去親近祂，
你看到什麼？靜靜觀看這個形象。
如果有問題，想要問祂，可以現在問。

問問上主：在靈修上有沒有需要注意的地方？
　　　　　在生活上有沒有需要改變的地方？

靜靜觀看上主。
用「**全心、全意、全靈**」去擁抱上主。
去感覺上主對你的擁抱。

靜靜觀看無限個光的微粒子環繞著你，
像龍捲風一樣向上旋轉。
感受在上主愛的擁抱中的那份**平靜**，
周圍強烈的旋風無法觸及你。
靜靜的感受這個擁抱，感覺一切都圓滿平安。
感覺所有光的微粒子都向上飛升、旋轉、環繞。
在擁抱中感受上主傳達的能量，感受上主的愛。
那是你一直希望在人間能找到的。

現在周圍的漩渦忽然停止，
所有光的微粒子靜止在空中，
你可以感覺到**宇宙萬物合而為一，大放光明**。
感覺萬物都發出獨特的音符。
現在一個「**正圓形的光圈**」出現在你與上主之間，
這個光圈從「**上主**」延伸到你的頭頂，「**向下**」流過你全身，
從你的腳底出去，再進入上主。
這個光圈開始流動，光圈的能量流越來越強，
將上主所有的一切能量、智慧、愛、和觀點，送進你的身體。

你對上主的愛，也被這個光圈帶進上主，
你的經驗，寶貴的體驗，也成為上主的體驗。
這個光圈帶來能量，帶來新的希望，新的看法，新的視野。
它讓你與上主更為親密，**在能量上合而為一**。
這個光圈帶來的能量穿透了你的身體、情緒、和思維。
你所有的祕密，全都進入上主的世界裡。
你願意讓上主知道你所有的一切。

感受這個光圈不同的速度，然後選擇你最喜歡的速度。
改變這個光圈的粗細，然後選擇你最舒服的粗細程度。
去感覺這個光圈的顏色，是什麼色？
只要你願意，這個光圈一直都存在著。
光圈繼續流轉，你甚至可以聽見它流動的聲音。

你非常享受這個光圈，
因為它是「**光的洗禮**」，也是你**與上主的合一**。
光圈繼續流動，你繼續享受，沉醉在這個世界裡。
你感覺「**愛的能量**」衝進你的每一個毛細孔，
闖進你的每一個細胞，觸及你最深之處。
你的內心充滿了狂喜的爆炸，
你感受到每一個細胞，綻放出許多能量和火花。
這些內心的感動與狂喜的爆炸，
都是愛的力量與火花的綻放。
它們持續不斷，在遠處和近處爆發，
不同的顏色，不同的大小，不同的光輝。

每一個綻放和火花，
都能讓你體驗到狂喜的頻率，都讓你感受到愛的力量。
去感受那更深層的愛，去感受那狂喜的爆炸。
光圈繼續流轉。

現在讓光圈換個方向流動。
從你的頭頂「**向上**」流到「**上主**」，
再從上主流進入你的腳底，向上進入你的身體。
繼續感受能量，像花朵一樣綻放著。
這個過程，在日常生活中，
隨時隨地都可以進入，都可以回來。
現在帶著這個光圈～依然在流轉的光圈，
慢慢的回到你的肉身，回到地球。
雖然你身在地球，但你與上主之間仍有一個光圈繼續在流動。
當你準備好，就可以睜開眼睛。

靜觀無極

「每日靜觀無極，那麼你所尋求的一切都將會賜予你。」
～摘自：《愛無止境》p31～

練習方法：
觀想現在身處的房間裡有許多人。
想像自己的身體不斷的擴大，越變越大，
擴大到整個房間裡的人都在你的身體裡面。
靜靜感受，當所有的人都在身體裡時，會帶來什麼樣的感受。

接著，再繼續擴大觀想範圍，
想像整個城市都包含在身體內，
只是單純的、靜靜的感知，你會發現自己的視野變得更寬廣。
平日所掛念擔心的事情，例如工作、家庭、金錢、孩子……
此時似乎都距離好遙遠，變得微不足道了。

練習這個方法的重點在於，一步步慢慢的觀想，不要太快。
細細體會整個城市在身體裡時，會出現什麼樣的感覺。
有了感覺、視野也擴充了，才繼續擴大想像的範圍。
慢慢將社區、城市、國家、地球……都放進身心裡，
最終，拓展到宇宙整體，你將會感覺到無極。

每日觀想無極，你所需要的一切都會出現。
也就是說，不會有所匱乏。

人們都在創造自己所想的東西。
有匱乏感的人很容易擔心金錢、工作、家庭……
無論感覺什麼、害怕什麼，都會形成相應的頻率，
因此，會吸引相同和類似頻率的人事物來到身邊。

如何停止擔心呢？
觀想美好的未來，或是把需要的人事物想得很細膩。
但是對於某些眾生來說，觀想細節是非常困難的事情。
尤其是在觀想自己所在乎的東西，通常會更容易緊張。
這個觀想無極的方法，可讓人們先放下頭腦裡的緊張，
放下之後，心就寬闊了。

這個觀想方法與姿勢無關，
就算是躺在床上，等公車的時候都可以做。
它有個好處：練習夠久，可以讓雜念變少。

肆 思維的綻放

*

思想是上主賜予你的理性天賦，

使你得以估計自己行為的後果、

有系統的修正它們、擴展它們，或是引導它們的方向。

*

思想幫助你連結

物質實體的有限世界和創造性擴展的無限世界。

知道如何思想，並提醒自己要思想，

是建設性生活和發展更高意識的重要屬性。

*

創造是生命的渴望，想要和造物主一樣。

思想探索那必然的本質，並引導它趨於圓滿。

*

～摘自：《耶穌之鑰》～

平靜

我愛我所有的思想
每一個和全部的思想
我一個一個的細數它們
完完全全的愛它們

*

Be Still

I love all my thoughts
Each and everyone
Count them one by one
Love them through and through.

*

意亂

問：

如果實在控制不住頭腦胡思亂想，應該怎麼辦？

答：

你曾經試過熱愛你所有的思想嗎？
無條件不批評的愛它們，不管它們是多麼奇怪，如何負面？
如果在打坐時，頭腦失控，意亂不已，
如果在日常生活中，胡思亂想不請自來，
當你看到它時，熱情的告訴它：「我愛你！」
將你滿滿的愛心緊緊的擁抱它。
然後看看發生了什麼事。（請看：平靜）
來一個，愛一個。
來兩個，愛兩個。
來一堆，愛一堆。
試試看。

十字路口

問：
種種跡象顯示職場上某位高級主管刻意找我麻煩，
我現在非常的苦惱，因為正面臨人生選擇的十字路口，
請老師給些建議。
答：
如「當下的力量」所說，你只有三種選擇。

接受它

所有痛苦，都來自「我、我、我」。
「他對我不公平、他給我太多工作、他侮辱我、他找我麻煩、
他恨我、他欺騙我、他對我有成見、他破壞我的名聲……。」
因為這是一體兩面的事，接下來，自己不太願意面對，
但必然存在的想法是：「我恨他、我討厭他、我想躲他、
他為什麼不被開除、他為什麼不離開、
他為什麼不永遠消失……」
在此環境下，接受環境可以是我執之死，可以是靈光的綻放。
如果你為了靈修而工作，那麼接受會是你的最好選擇。
學習放下我執，是你最終的解脫。
學習放下混亂的思想，是你永遠的清明與安寧。

接受表示不再批評。
放下批評，使你超越兩極。

超越兩極，得到合一、擁有無極。
寬恕與批評無法共存。
你若批評，你尚未寬恕。
寬恕就是不批評。

改變它

創造美善是我們的天職。
世上所有的進步與文化全都來自不屈不撓、不願放棄的靈魂。
他們的努力使他們成就時空內的紀律和完美的視野。
他們學會使用「**愛的力量**」。
感覺不到愛，只能擁有無力感。
他們認識自己就是愛，所以他們擁有無限的耐心。
除非認識到你就是愛，你無法成為完美的創造者。
除非認識到他內在的愛，環境永遠無法改變。

愛讓你成為黑暗中的光芒。
愛讓你成為冰寒中的溫暖。
在你的光芒與溫暖中，所有人事物也對你綻放。
改變環境，只為了展現你的愛。

你愛了嗎？

離開它

許多靈魂的課程是學習「**信心與勇氣**」。
對自己的信心：相信離開這個環境，自己仍能快樂的生活。
對上主的信心：相信無論身在何處，神性與自己永不分離。
片刻放下對肉身名利與環境的執著，叫做勇氣。
擁有信心，勇氣自然湧現。

尚未得到信心與勇氣的靈魂，必須體驗糾結與煎熬。
因為不知如何選擇，才能在這看似險惡的世界裡活著。
因為他們更執著於物質與架構，
又尚未成就正面的思維與情感，
每一個選擇，似乎都可以將他們帶向痛苦的深淵。
但不選擇，又是無盡的哀愁與折磨。
小靈魂在顫抖、害怕、無奈、厭煩。
小靈魂糾結在**選擇的十字路口**，
也沒有信心聆聽內在的聲音。

鼓起勇氣！
做一個選擇！
每一條路，都能使你開悟。

三種眼光

人可以有三種習慣性的眼光。
不同的眼光會產生不同的情緒及思維反應。
許多人不明白自己是用什麼樣的眼光看世界。

黑白世界

這些人活在極端的世界裡：
「不是你對，就是我對！」，「不是好人，就是壞人！」
「這個國家的人都是壞的！」，「這個種族的人都不好！」
「我的法門是唯一真的法門，其它都是假的！」
「你說了一句我認為的錯話，所以你說的一切都是假的！」
「你做了一件我認為的錯事，所以你做的一切都是騙人的！」
活在黑白世界裡的人沒有「中間」。
生活像一場不停的戰爭，
在不斷的對與錯、好與壞之間掙扎、打鬥。
這些人看到的只有黑與白。

灰色世界

許多人在黑白的世界裡混得太久，疲勞不已，
沒有力氣繼續與世界打鬥。
但又沒有改變自己黑白的眼光，
為了省力，只好把黑白湊在一起，用灰色的眼光看世界：

「天下烏鴉一般黑…… 天下全是烏鴉……」
「全都一樣糟糕，沒有一個好貨……」
「沒用的，何必呢……」
他們懶洋洋的用灰色眼光看世界，
算是一個過渡的復原期吧！

彩色世界

但是，有一天，
所有的眾生都必須學習用彩色的眼光看世界。
彩色的眼光是看到：
所有眾生都在不同的成長、服務階段，
雖然，看起來參差不齊，
但是，都**朝向神性**邁進
～無論他們是有意識還是無意識的在前進。
彩色的眼光是看到種種的不同，
但卻能歡喜的欣賞和適當的參與。
是看到一幅畫，充滿了所有不同的、豐富的顏色，
有的深，有的淺，有的明，有的暗，
並且能退一步，
欣賞這所有不同眾生所組合而成的**曼陀羅**。

保持快樂

想要24小時保持快樂，
首先要「**下定決心**」，
先確定自己是不是真心想要二十四小時不痛苦，
而不是得過且過的態度。

接著是培養「**專注力**」。
培養專注力需要紀律，要持續的練習。
專注是一種「**清晰、放鬆、目標明確**」的狀態。
專注力不是用力，不是使用二十四倍的力量在目標上。

因此，當一個人下定決心要二十四小時保持快樂，
就是在下定一個清晰的目標，
明白自己決定要體驗二十四小時的快樂，
除了快樂之外的感覺，自己完全沒有興趣去體驗。
下定決心之後，任何事情都會變得很容易，

修行與生活都是如此。
若成果不明顯，可能是當事人還沒真正下定決心。

習慣成自然

你的世界裡所有的行為與概念，
都是由練習、重複、與習慣一磚一瓦搭建而成。
一天的二十四小時裡，
你都在想什麼？你都在感受什麼樣的情緒？

你的注意力在哪裡，你的故事就在哪裡。
如果你的目標是「真、善、美」，
你要讓自己時時刻刻都在觀想「**真、善、美**」，
都在感覺**愛的純真本性、喜悅與安寧**。
你要把好的感受變成一個習慣。

習慣要怎麼養成？
重複，不斷重複做同一件事，就能將它變成習慣。
所以，如果你想要全天二十四小時都在發揮正面創造力，
就要練到習慣成自然。

思維的紀律

人們會有許多問題，大多是因為沒有靜心的習慣與態度，
只能從雜亂膚淺的層面看待世間的人事物，
所以問題不斷，雜亂無章，矛盾不已。

古時候的禪師，有時為了喚醒徒弟，
會用棒子忽然打徒弟，或大聲罵醒他們，讓他們回到當下。
目的是為了打斷他們雜亂的思維與情緒。
徒弟被罵或被打之後，因為意想不到，
注意力就從原來的一千零一個問題，被拉回到當下。

在當下
不左不右～不比較好壞
不前不後～放下過去與未來

徒弟在當下感受到一片清明，
在這片刻當中感受到本性，回到中心本位。
雖然這個片刻不會長久，因為它不是紀律的開花結果，
但也許徒弟在以後的雜亂中，
能記起這不左不右，不前不後的清明片刻，
然後想辦法回到當下。
徒弟在被嚇到的片刻，放下了無意義的思維、情緒與目標。
並不是明白該去做什麼，而是停止，不去做無意義的事。
有些徒弟了解師父為他們做了什麼，過程如何。

這類徒弟得到的益處，時間會比較持久。
有些徒弟被打罵後是無意識的放下片刻，享受清明。
但因為思維不成熟，便以為這清明片刻是師父打罵的加持力。
而思維不成熟的旁觀者，則把事情寫得神祕浪漫，充滿禪意。

師父如果要加持徒弟，並不需要打罵，
如果要打罵，必定是為了打動徒弟那尚不靈敏的思維與情緒，
那感受不到真正加持的思維與情緒。

如何有紀律的回到當下？

任何一個法門，專心持續的練習，
都能讓你學會如何有紀律的回到當下。
但你必須選擇一個適合你個性和生活條件的法門。
如果不主動練習一個法門，學習有紀律的回到當下，
那就讓千百萬億劫大輪迴的「**生命之火**」來助你**去蕪存菁**。
開悟與當下是你必達之境，必去之處。
你要不自己主動優雅的走進去，
要不就被動的讓生命拖你進去。

讀書與能量

許多人讀書，只停留在文字頭腦的層面，沒有心領神會。
但不是所有的書都能夠或值得讓你去心領神會。
讀書時，在文字頭腦的層面，必須有下列的標準：

1. 表達的邏輯是否清晰？必須與你的程度等同或更高。
2. 思維的方向偏正面還是負面？必須和你一樣正面或更高。
3. 文藻詞句的組合是否有美感？
   不需複雜華麗，但必須有風格，而且是你能欣賞的風格。

如果以上三個條件無法達到，你不應該浪費時間讀這本書。

讀書時，必須察覺它對你的情感的影響。
讀它的時候，你是愈來愈安寧，還是愈來愈恐懼、混亂？
如果是後者，這本書並不適合你，可以放下。
在思維與情感上，了解了這本書對你的影響是好的，
你就可以開始身體力行去心領神會，去體驗背後的能量。
真正的靈修書籍，文字只是訊息的一部分，
文字是為了讓頭腦了解不抗拒，放下舊概念，接受新思維。
文字是打開心扉的鑰匙，讓書後面的能量與你交流。
與這些能量交流，是你心領神會的捷徑。
看到好書時，不要忽略後面的能量。
看到不適合的書時，不要浪費時間。

不同層次的書

不同的書是不同層次的人寫給某些層次的人看的。

有些書只說一個層次。

有些書解釋三個層次，條理分明。

有些書一句話中劃過三個層次，具詩意，但無次序。

請不要因為不明白層次的差別而被書弄迷糊了。

有些書教人如何從做惡夢變成做美夢。

有些書教人如何從做美夢變成不做夢。

教人不做夢的書對做惡夢的人是有害無益的。

夢是指人生大夢，不是夜間小夢。

你讀的是什麼書？

你做的是什麼夢？

閱讀訓練思維

問：
如何加強及改進自己的思維能力？
答：
閱讀。
閱讀有助於訓練思維。
在閱讀過程中，可以學習更有系統、更全面的思維方式，
經由觀摩別人的作品，練習讓自己的想法更完善、更正面，
經由思索反省的過程，更真實的面對自己。

閱讀能鍛鍊我們的邏輯，讓思維更簡約利落、更圓融。
將這些技巧應用到修行裡，就可以用思維來感受靈性成長。
多看書，會提升我們建構分析想法的方式與思維的敏感度。

生活經驗的配合

看書時我們可能會遇到一些產生疑惑、不懂的地方，
需要親身經歷與體驗過後，才能夠徹底明白字句真正的涵義。
這時上面會安排一些事情，讓我們真正理解書裡在說些什麼。
因此，當我們讀到某個段落，突然覺得很不想繼續，
那就停一停，將書本暫放一旁。
因為那個時候，指導靈們可能在等你咀嚼消化，
或正在安排一些事情，讓你了解書裡更深的內容。
所以在閱讀之前，先感覺一下自己現在該看什麼書，

盡量只在感覺最棒的時候去看，那時候的效益最高。
閱讀是一種很深層的舉止，
有思維的交流，也有情感的交流。
有一些書注重思維，啟發新知及概念，令人耳目一新。
有一些書充滿情感，令人不知不覺陷入作者刻劃出的世界。
有一些書是真理與美的組合，像藝術一樣觸動人心。
看它就像是一種美的享受、藝術的饗宴！
閱讀這種書籍如同身處美感的源頭，令人陶醉而神往。
它能讓我們感受更高層次的視野，
體會更深層次的內在脈動，
內心產生自然的共鳴應合。

看書的時候，就是在與書本背後的思維、能量溝通。
同時，內在的靈感、想像力、創造力會有新的衝擊與擴展。

如果你看聖人的書，那是一件很美、令人心曠神怡的事情。
閱讀的時候，你是在與聖人的能量溝通，
那時候，整個人會進入很舒服放鬆的氛圍，
因為，你在感覺聖人的視野、聖人的愛心、聖人的世界。
但我們必須把自己的思維和頭腦練習調整到更敏銳以後，
才容易感受到聖人的思維與能量。
而平時養成打坐、靜心的習慣，可以增加對能量的敏感度。

創造的旅程

問：

如何愛自己？

答：

首先要了解「**我是我生命的創造者**。」

我創造了目前生命中所有的一切。

如果認為生命中所有的一切，全都是別人造成的，

因此，權責不在自己，只會怪罪別人，

這是受害者的想法。

其實，所有的人事物，無論正面或負面，

都是為了讓我們更清楚自己想要什麼。

所有的人事物都可以讓我們的目標更清晰。

大多數人被生下來時都迷迷糊糊的，不曉得自己要什麼。

但是，當人事物來到面前，

很容易知道自己不喜歡什麼，

知道不喜歡什麼，就會知道想要什麼，

知道想要什麼，就可以去創造。

接下來，就是把注意力放在：「**我想創造什麼？**」

取回「**我是我生命的創造者**」的權利和責任，

然後去創造。

靈修有三個階段：惡夢、美夢、無夢。
惡夢的時候，**是注意力向外**。
注意力向外時，我們會去追求**外在的幫助、外在的神明**……。
當我們完全了解和接受外在神明，也得到信心和體驗之後，
接下來我們要學會的是「**內在的神明**」，這是**美夢**的階段。

我們透過創造，**注意力向內**，了解自己的內在有創造力，
我們了解「**創造力就是神明**」，了解內在有神性。
我們感悟到內在神性的時候，「愛」會自然的表達和流露。
所以，在**美夢**階段，就是用「**創造**」來認識「**內在神性**」。

任何一個眾生若還沒有開始創造的旅程，
表示他們對內在神性還沒有挖掘得很深。
當他們在愛自己的時候，會有點使不上力。
每一個靈魂出生，都是為了要感應和學習神性，
了悟自己與神性是「一體的」。
每個人的靈魂深處，都被推動著去追尋對源頭的愛。
所以，在時空內，如果沒有找到內在神性，
即使走遍天涯海角，仍然不會滿足，一定會覺得空虛。
由於空虛，就會想要找各種方法來彌補內在的空虛。
所以，要**真正的愛自己**，
要透過「創造」發現「內在神性」。

創造的步驟

問：

雖然知道有機食品店的食物可能比較健康，

但看到價錢時覺得很貴，覺得無法負擔。

這個想法，會創造出匱乏的結果嗎？

答：

我們在創造的過程中，不要以行動為主導。

你想要分析「這家店的食物是不是太貴？」

這件事情會不會是我在錯誤創造的一個過程？

其實，去哪一家店，付多少錢，與創造是沒有直接關係的。

感覺上，你有一點擔心：

「不去付這個錢，是不是感覺匱乏？

這個匱乏感是不是會創造更多的匱乏？……」

創造美夢時，要**先從「感覺」開始**，不要從行動開始。

第一個步驟是：訂立目標和感覺

你必須知道「你要什麼」。

比如說，你的目標是：更加富裕，而且愛護地球的環境。

目標訂好之後，定義它的「感覺」是什麼。

富裕的感覺，像是：無憂無慮、自由自在、成為真正的自己。

而每天都吃有機食品的感覺是什麼呢？

像是：充滿活力、精力充沛、呼吸更輕鬆、氣色更紅潤……。

第二個步驟是：收集感覺和靈感

要了解與這個目標相關的所有感覺，並且熟悉它們。
熟悉了以後，你才能隨時進入和沉浸在那些「感覺」裡面。
這個步驟完成了之後，你會進入一種「安心、安寧」的狀態。
你會放心，會有輕鬆、自在、舒服、無憂無慮的感覺。
在這輕鬆、對生命充滿熱情、充滿好奇心的狀態下，
靈感會出現，靈感是一種想法、能量、方向感。
它會幫助你、推動你、鼓勵你去做你該做的「下一件事情」。

第三個步驟才是「行動」

「行動」是果，不是因。
下一件事情，可能是去吃有機食品，可能不是去吃有機食品，
也可能跟食物一點關係都沒有。
所以不要為了今天要不要去一家店，該不該付這個錢？
而把它當成是創造的第一步驟，它不是。
如果現在錢不夠，沒有關係，
可以去一個自己目前經濟能力許可的地方吃。
吃的時候，讓自己沉浸在我們剛剛說的那種「感覺」裡面。
你的身體，會相信你的感覺，它會創造那種感覺。
因為「萬法唯心造」，不管你吃的是什麼，
身體跟那食物的互動，就會像是吃了有機食品一樣。
所以，不要把行動當成是創造的第一步，它是最後一步。

用頻率創造

問：

無法選擇要當害人精去賺錢，或當苦哈哈的修行人？

也對這兩種現象感到不公平。

答：

修行不光是這兩條路，還有第三條路。

你要學會開始**用上天賦予我們的創造力量，**

要用這個力量，去創造你想要的生活環境。

如果你擔心的是錢，那你想想看：

一天二十四小時裡，你對「錢」的態度是什麼？

你想到「錢」的時候，是在煩惱嗎？

你是覺得「不夠、不夠、不夠」？

或是覺得「怎麼還沒有？」

因為，聽起來，你可能花滿多的時間在想錢，

而且，常常覺得「不夠」，所以才會問這個問題。

我們的每一個問題，都在創造。

我們一開口，就告訴大家我們的「故事」。

所以你很勇敢，把你的故事告訴了我們。……

我們每天都要觀察自己是怎麼創造人生的。

我們是用我們的「頻率」來創造。

我們的頻率是我們的「思想」加上「情感」所組成的。

你每天都在想什麼？
想：「有錢人怎麼那麼不公平？有靈性的人怎麼這麼窮？」
所以你與錢的關係其實非常矛盾，你甚至無法決定，
你是要像那些壞人一樣去擁抱錢嗎？
還是，你要像好人一樣把錢踢掉呢？
這是你目前的兩個世界。……
當然，我們做人要誠實，我會勸你要誠實。
因為不誠實的時候，下輩子生出來那個嘴就歪的，很難看。
所以，誠實，然後不要罵人，這樣嘴型才會長得好看一點。
大家要誠實，即使只是為了自己的美貌。

但是，真正要賺錢，不在於誠實和不誠實。
創造金錢的重點在於：我們是用我們的「頻率」來創造。

你平常在散發的頻率是什麼樣的頻率？
我們從你的問題揣測一下，基本上，你的頻率是矛盾的。
有時候，你想要像有錢人一樣，但是你有錢時卻覺得很心虛，
因為，你不想當壞人。
有時候，你想要當好人，但是又很不甘心，因為不想當窮人。
你像牆頭草兩邊倒，但又兩邊都覺得不滿意。

其實，你不需要去選這兩條路，這本來就不是僅有的兩條路。
第三條路是什麼呢？
你要學會感覺到像一個很好的「演員」一樣，
你要感受到你「很有錢、很富有」的時候是什麼樣的感覺。

在生命中是否有任何一刻你**覺得非常滿足，無憂無慮，**
覺得整個世界真是豐盛富足，充滿了歡喜，充滿了感激。
你要尋找生命中的那個片刻，然後，記住那個片刻，
學會把自己隨時隨地放回那種感覺，那種世界裡面。

你想想，在你的生命中，有沒有過？
讓你覺得好像根本就沒有想到錢的事情，
讓你覺得快樂程度好像是一百分的？
問：有。
答：好。
記住那個片刻，不要忘掉，因為這是上天的加持。
為什麼呢？為了要給一個標準，讓你明白你的選擇有三種。
選擇除了前面那兩種，你還有第三種，選擇它的方式，
就是隨時把那感覺放在心上，想要進去時就進去。

最終要學會的紀律是**：無論如何，都在這個頻率裡面**。
無論外面有多少有錢的壞人和貧窮的好人。
你都要**活在自己的快樂裡面**。
然後，不要把注意力分散給這些壞人和窮人。
因為，你要創造自己的東西。
我們的「注意力」是我們的創造力。
你注意什麼，你的周圍就發生什麼。
你每天在「看」那些壞人和窮人，
就是在「製造」一堆壞人和窮人出現在你的身邊。
然後他們一直在外面拉扯，因為你裡面在分裂。

所以，你必須**把注意力一直放在那個完美、快樂的片刻**，
那個記憶，不管是情境，或是音樂，還是什麼東西。
起初，每天試著進去五分鐘。
但是，最終你的紀律要變成二十四小時都在那裡面。
這個時候，你的頻率二十四小時都在快樂裡，
出現在你周圍的人，全都是那種快樂的人。

金錢只是副產品。
如果你需要金錢才能快樂，你也會擁有金錢。
如果你不需要金錢也能快樂，那錢就不是重點。
有人會說：「我用這方法試了三個月，怎麼都沒有用呢？」
我說：「你試了多久呢？」
他說：「有啊！我三個月想過一次。」
這樣不夠，因為，其它的時間，都在想窮人跟壞人。
所以必須改變為二十四小時都在感覺那個完美的時刻。

真的有第三種選擇，但是你必須付出。
你的付出是「**注意力要有紀律和正確的方向**」。
為了要當有錢的好人，必須把自己的「注意力」拉回來，
把上天賦予你的「創造力」拿出來用。
有些人沒錢是因為：頻率是錯的。
只要談一下就會知道頻率錯在哪裡，一定有問題在裡面。
要不就是有許多複雜的目標混在一起，相互矛盾，
因為目標混亂，所以整個頻率也是混亂的。

如果你要學會這個創造做美夢的法則，
目前你唯一需要知道的是：記住自己完全快樂的那個片刻。
那個片刻能夠帶給你、為你吸引「富足」跟「好人」。
那是你的第三個選擇，你的出路。

平常還是儘量不要做傷害別人的事情，這是為了自己好。
但事實上，那不是賺錢的重點，真的不是。
很抱歉，有時候，一個人工作多辛苦，真的不是賺錢的重點。
有些人賺錢真是狂賺，他們賺錢的速度之快，
無論你再怎麼辛苦工作，也賺不出這麼多錢。
許多時候，賺錢並不是用勞力去換來的。
你說，有些有錢人一直在傷害別人，為什麼還會賺那麼多錢？
我們暫時先不要討論「因果」。
他們所造成的傷害，以後一定是要償還的。
但是，目前他們為什麼能夠成功？
因為他們非常的「專注」，他們只想錢，根本就不會分心。
他每天醒來想的是：「我怎麼樣能賺更多的錢。」
睡覺的時候，想的是：「我明天怎麼樣能賺更多的錢。」
他們想錢的那個「專心的程度」，不是你能夠想像的。

然而，你現在想的是好人和壞人，你處於一種分裂狀態。
你是左搖右擺、左搖右擺……
那些人已經不會左搖右擺了，
他們是：「錢！我就是錢！」一路錢到底。

創造並不是用力，創造是「清晰」。

清晰度越高，創造速度越快。

所以，他們在想錢的清晰度上面是非常高的，

雖然，他們還不明白因果，不過以後會了解。

但是，他們有清晰度，他們清晰到什麼程度？

他們不會因為道德而去混亂自己的清晰。

這聽起來好像很矛盾，

但是，這裡所說的清晰，並不是道德標準的清晰。

而是，他有多專注，像「雷射光」一樣專注於目標。

而且，他們已經很清楚的定義了自己的目標。

無論目標的好壞，他們從來沒有懷疑過自己的目標。

但是，目前的你，一直在懷疑自己的目標。

你每天都在懷疑：「我是要當壞人，還是要當好人？」

你每天都在選擇，你其實沒有在決定你要創造什麼。

你一直在這兩個東西上面選來選去，搖擺不定。

那些你所謂的壞人，有一天，當他們發現了因果，

他們變好的速度也是很驚人的。

因為，他們成就了那種「雷射光的注意力」，

他們要當好人的時候也會好得很驚人，所以，不用替他們擔心。

可以的，你會富有的！

富裕的祕密

問：

個人認為和尚或神職人員要求金錢奉獻與修行無關，
他們披著神職人員的外衣卻在斂財，這讓我很困惑。

答：

這包含了許多層面的問題，我們試著逐一去討論。

靈魂年齡

這個大千世界上，每個人都有不同的靈魂年齡，
要看他們投胎多少次，了悟「同一體」到什麼程度。
任何的法門、宗教、團體、公司、或國家裡面，
可以說，英雄好漢匯聚一堂，有年輕的也有年老的靈魂……
先不要管別人，也不要困惑。
無論你碰到哪一個神職人員，你要記得一件事情：
這個神職人員可能是一個已經快離開地球的十級靈魂，
也有可能是一個剛投胎的第一級靈魂。

當你看到一個神職人員，你覺得他清風道骨，不會要錢，
而另一個神職人員，好像很市儈，一直跟你要錢要捐獻。
這個時候先別管他們。
你覺得，自己的靈魂年齡在哪裡？
因為，如果你不知道自己的靈魂年齡，
你也絕對看不清楚別人的靈魂年齡。

你會走到哪裡都充滿困惑：為什麼有人是好人，有人是壞人，為什麼有人執著這個，……世界一片混亂。

我的誠心建議是：不要去管別人好或不好。
因為，不同的人做同樣的事情，背後的目的可能完全不一樣。
雖然兩個人做出同樣的事情，可能一個已經是佛菩薩的等級，一個可能是剛從地獄出來的等級，事情可以神祕到這個程度。
重要的是：先放下別人，把自己弄好、弄平靜。
「**修行是修自己，不是修別人。**」這才能帶給你安寧。……

這個宇宙最大的祕密是：
當你看到別人富裕，
你充滿歡喜，像自己富裕一樣高興，
那個時候，你豐衣足食，衣食無缺，沒有匱乏。
真的！你看到別人的富裕，你滿心歡喜。
可是，許多人做不到，仍然在學習成長。
我們說仇人有錢，不高興那也就算了，
連路人有錢，他也不太爽。
我們先來討論一下為什麼。
你告訴我為什麼，為什麼你連路人有錢都會不爽？

問：
我的意思是，神職人員藉著這些手段謀取利益。
比方說：我去某宗教團體，敲個鐘，浴個佛，都要奉獻錢。

出家人不是與世無爭嗎？
為什麼他們的廟宇一間比一間還富麗堂皇？
答：
這樣好了，**我們換個眼光說故事**。
我會覺得：
每一個人看到一件事情，都可以說出自己的故事和看法。
這個故事和看法就決定了自己的命運。
你怎麼說一件事情，你怎麼講你的故事，
你就已經編織了你的人生。
所以，我們要很小心，我們說出來的故事是怎麼樣的故事。
怎麼樣的說法是比較好玩的說法，比較富裕的說法，
比較完美的說法呢？
現在，我們就來改編一下你的故事。

「廟宇富麗堂皇，代表這個地方的人都非常誠心。
而且他們誠心到不在乎錢，所以他們才能夠捐得出去。
所以這邊的人不單是富裕，不單對靈性有興趣，
而且他們在靈性和金錢上沒有鴻溝，沒有矛盾，
他們才能夠這麼輕鬆的把錢交託給一個靈性的代表。
這麼自然的就把錢給送出去。
我會覺得，是這個地區的人民充滿了智慧與福分。
在他們的心中，他們有錢，他們能給，他們不在乎，
而且他們喜歡靈性的東西，所以廟宇富裕。

教堂這麼多，是因為有信仰的人多。

很多人喜歡上主，很多人喜歡超越物質界的東西，
所以他們進入教堂，他們願意奉獻，
因為他們希望給予這些出家眾有修行的機會與時間，
不用去擔心物質界的東西，所以他們的心非常寬廣。」

創造

我們看一件事情的時候，可以用各種不同的觀點看。
你可以把一件事情說得非常險惡，每一個東西都是黑的。
但是你也可以把東西說成全都是白的，
而且，**找到它們最完美的一面**。
我們說出最完美的一面，別人的好壞一點關係都沒有。
我們是在創造我們自己的世界，這就是「創造」。

我們剛剛講到，**你的頻率在哪裡，你的故事就在哪裡**。
你每天是要說恐怖的故事，還是要說美好的故事？
你是要說那種，每一個神職人員都是神棍的故事，
還是「**真正的學生只碰到真正的老師**」？
一個誠心的求道者，永遠不會碰到假的老師。
所以，人家都說：沒有假的老師，只有假的徒弟。
真的徒弟，碰到什麼老師，他都開悟。
所以真正開悟，不是老師好，是因為徒弟行！

為了富裕，我們要說不同的故事。
這是你的權利、你的創造力，你有許多的選擇。……

我們大家都是人生的編劇，
我們自編、自導、自演、又是觀眾，一人身兼四角。
你要編出一些不一樣方向的故事，不要每天都唱同一齣戲。

當你有一天學會說不同的故事，
當你有一天真的為了陌生的路人忽然變成億萬富翁，
你真心的喜悅、愛心洋溢、興奮不已，
那個時候你會發現，
你碰到的任何一個教會的人，
你碰到的任何一個出家師父，
你會發現他們充滿了神聖的光芒。
你會發現他們做的每一件事情，都是為了你而著想。
你會發現有多少人為了保護你的情感，為了長養你的智慧，
他們多麼巧妙的圍繞在你四周，不敢讓你知道，
做出一些你根本就不曉得的事情，那時候你才曉得，
你的指導靈為你做了些什麼事情，默默等待你多久。

在你停止說這些恐怖故事之前，你什麼都看不到，因為，
在物質界是：我看到，我才相信。
在靈界是：我相信，我才看到。
在靈界，是以「創造」為主。
在物質界，是以「外相」為主。

之前你的靈性體驗是惡夢，現在要進入美夢。
你要學會從做「惡夢」，進入做「美夢」的階段。

物質和靈性的脫節

如果你繼續說同樣的故事，
你生命中很大的一個矛盾點是：物質和靈性的脫節。
因為在你的概念裡面，
「神職人員應該是貧窮的，教堂寺廟應該是破舊的，
出家人跟神職人員本來就是應該要清高不碰錢，
也不要吃東西，所以每一個都應該是餓死在地上的啊！
那麼，如果要靈修，就會餓死。
那該不該靈修？不不不，不能靈修。
因為靈修就會被餓死，變神棍，那還是不要靈修好了。
那不要靈修，就很有錢……那要神性？還是錢？
對你來說，這兩個世界不相容，你剛剛講的那個故事，
就像是天跟地相隔甚遠，永遠不會天人合一，所以是分裂的。
我們本來就是有天、人在裡面。
可是你硬生生的，把你的天跟人截成兩半，
靈修的人不准有錢，有錢的人不准靈修。」
這也是你自己想出來的，是你說的故事，是你編的劇本，
那是你的世界。

在我的世界，**「靈修的人可以有錢，有錢的人可以靈修。」**。
在釋迦摩尼佛的時代，聽說最有智慧的那個人，
是家境最好、最有錢的「維摩詰居士」。
歷史上有許多這種例子和證據。
像西藏，有許多佛菩薩，都是珠寶瓔珞，莊嚴華身。

他們穿金戴銀不是因為自己沒穿過珠寶，很喜歡戴珠寶。
而是因為許多眾生跟你一樣，修到某一個階段時，
由於誤解一些教理，把「**物質和靈性**」劃了一道鴻溝。
而佛菩薩穿金戴銀是為了教化眾生。
像前一個提問者剛剛講的那些苦哈哈的修行人，
他們自己在生活中，都有一點類似的問題。
事實上，物質與靈性的結合，是許多人的挑戰。

問：
基督教分很多教派，好像每一派都在比賽蓋新的教堂。
答：
你現在最重要的事情，就是不要浪費你的注意力。
因為，**注意力是我們最寶貴的資源**。
我們的創造，全是來自於我們的「注意力」。
如果，你每天花十個小時在想別人蓋不蓋教堂，
這個跟你一點關係都沒有的事情，
你浪費了最寶貴的創造力在那些地方，對你沒什麼好處。
做人要明智，我們雖然是靈修的人，但是也要精明一點。
上天給的最珍貴的創造力，不要這麼就浪費掉了，
你必須把它放在最有利的地方，放在你自己的靈性和富裕。
你必須變成最富有、最有靈性的一個人。
而且，不要去找那些和尚、出家眾的麻煩，
放人家一條生路吧！

中樂透的因緣

問：

怎麼樣才能中樂透頭獎？

答：

能中樂透頭獎有幾種原因：

金錢課程的考驗

世人看錢是享受及自由的開始。
但靈界看錢的角度不同，尤其是樂透頭獎方式的收入。
在靈界看來，對多數人而言，世間是學習的場所，
所以許多樂透頭獎是在考驗人們對金錢的態度及處理的方式，
看看這些學生，會不會為了金錢，丟掉靈魂和愛心。
但有時有人得頭獎，結果與人打官司，失去人生方向及動力，
而且沒有借此機會上進、行善，反而生活糜爛、墮落。
這樣就是金錢課程的考驗失敗。
以後的生生世世，就必須努力的訓練方向感、紀律、及智慧。

福報俱全、成熟

有些人以前佈施甚多，生生世世下來，
集得福報成熟，如同果實成熟，可在此生享用。

有些人雖有福報，但因緣不合，
此生的課程、因緣、及任務與樂透頭獎互相矛盾。
舉例來說，有些人自己有福報，但親戚朋友無福消受，
或還沒成熟到能有錢而繼續已定的課程，
為了不影響親戚朋友已定的靈修課程，
則此生不能得到樂透頭獎。

有些人此生扮演的角色對別人有影響力，
他們的所作所為都會被人學習，
如果得樂透頭獎會誤導別人學習的過程及概念，
那麼此生也不應得樂透頭獎。

替天行事，引人向善

有些人生性善良，順天意行事，
機緣巧合，可得樂透頭獎，作有益社會，靈修之事。
如修道院急需用錢，正好院中的修女得頭獎。
如此一般也可鼓勵世人行善，修行。

擔心也是創造

問：你談「創造」時，希望我們「自我感覺良好」，
　　我女兒現在就是自我感覺良好，覺得世上沒有壞人，
　　可是我會擔心，要不要提醒她應注意的事？
答：十八歲已經不小了，應該已經成熟，明白事理了吧？

問：我們家都是教她比較單純的事，
　　可是有時候我在考量，要不要教她「世界上有壞人」。
答：平心而論，你覺得自己的女兒靈魂年齡多大？
問：我覺得應該是四或五級靈魂。
答：如果是四或五級靈魂，你就兩邊都教。
　　物質界的常識你得教一點，**靈性的常識**也得教一些。
　　如果她是馬上就要被騙的話，那你就教一些物質界的常識，
　　然後等到她不會被騙的時候，你再教靈性的。

問：我自己會矛盾，到底要不要跟她講一些社會黑暗面的事。
　　很難抓到講與不講之間的平衡點。
答：你說的每一句話，她都全聽進去，全照著做嗎？
問：沒有啊！現在的孩子哪會這樣全聽進去？怎麼可能！
答：如果孩子根本就不聽你的話，你的問題還有意義嗎？！
問：她也不是都不聽，
　　有時候孩子是在挑戰你的極限在哪裡，孩子其實很聰明。
答：我會覺得這個問題不在於你女兒。
問：是在我嗎？

答：
問問題的人總是問題的癥結嘛！
其實，**是你自己在編一個劇本**
～「女兒好像快要發生危險了！」
因為，擔心的人是你，你**每天的擔心，就是在創造**。
你在恐懼這件事情的時候，就在創造。
你有一部分的創造力量，就是在製造那些壞人出現在她身邊。
所以，先把你的負面影響拿掉。
趕快把自己拉回到完美的「**創造者**」的位置吧！
先好好的創造，你女兒在這個世界裡應該要擁有的安全，
以及，無論她到哪裡，都碰到好人。
經常想：能夠到我女兒身邊跟她說話的人，全都是好人。

你目前想的都是顛倒的事情。
所以，先把你自己的「胡思亂想」控制住。
至於，女兒不斷的頂嘴、挑戰你，就先讓她，
青春期先別管她這麼多。
每一個人都有守護天使和指導靈在照顧。
十八歲，好像很多人都不太聽父母的話了。
通常會再聽的時候，可能是已經結婚生子了。
那時候才想到：喔！母親很辛苦！才開始願意多聽兩三句。
十八歲的時候，可能真的不想聽父母的話。

每個人都富裕豐盛

許多人每天看報紙、新聞、聊天，
看著、談論著「經濟蕭條、工廠關閉、競爭激烈……」，
讓負面的訊息深深的影響自己的視野。
他們見到的每一個人，都喚醒他們深深的恐懼。
他們看到的每一個人，都在困苦匱乏中掙扎。
看著別人苦，也加深自己的恐懼。

在靈性世界裡，要相信才能看到。
在物質世界裡，是看到才會相信。
相信其實就是內在的「看到」。

看到所有的人都在掙扎，就是在詛咒自己與別人。
看到每一個人都富裕豐盈，便是在祝福自己與別人。
為了別人也為了自己，為了國家，也為了世界，
從今天開始，讓自己成為華美的見證：
我見到的每一個人，都富裕豐盛。

伍 情感的昇華

*

當你真正了解「你是愛」時，
就不需要知道任何其他關於你自己的事了。
確信「你是愛」，將會帶來你所尋求的其他解答。
「你是愛」會帶給你永生的保證，
以及你與其他人分享永恆之愛的信念。

*

～摘自：《愛無止境》～

雪花

人的多情不為過，情乃是愛的前身。
無情之人難生愛，無愛之人難修行。
愛加上執著則為情，情去除執著則為愛。
執著從何而來？從恐懼中而來，恐懼孤苦伶仃。
心裡悲傷難過沒關係，這只是情緒的波動。
要知道，這段苦也會過去的。
如晚冬最後的一片雪花，在溫柔寧靜的白日裡，
不留痕跡的在空中無聲化去。
看著這苦，不要怕它，不要恨它，不要逃它，不要批評它。
看著這苦，如雪花一般，在空中靜靜消逝。
接受這苦，在這接受中，你會被完全的蛻變。
享受這苦，苦也能享受，很訝異嗎？
靜靜的看它，你會明白，你會深深的明白。
信任天地為你的安排，把自己放開。
有一天，你會首次看到蔚藍的天空。
這是待在殼內所無法想像的世界。
那份藍，輕輕的喚醒了你遺忘已久的「真我」。
那從未遠離的熟悉，那最深層而無言的愛，信任，與滿足。
在這層層安全的擁抱裡，
你不由自主的湧出無限的感激與祈禱。

心痛

心痛是因為認為你和深愛、有緣的人分離、不同一體。
認為因為有其它的責任、誓言在先，所以無法如意圓夢。
但真相是，你和任何人都沒有分離，包括你深愛、有緣的人，
就連其他所有的人，也都從未與你分離。
你為什麼忘了這真相，理由千萬種。
但如何拾起這個認知，卻非常簡單。

閉上眼睛，觀想你就是你那深愛、有緣的人。
觀想你就是他。
在這觀想中，放鬆一切，放下擔憂與顧忌。
讓呼吸慢下，享受這同一體的真相與感受。
這認知不是幻像，也沒有犯戒，
因為這觀想能讓你有一天，閉上眼睛，
而感受與眾生萬物真實的合一。
自認為分離的人兒，
在你悲傷、心疼時，
閉上眼，緩下氣，
看到～你就是他。

情迷

問：

我知道自己的功課主要是男女情愛，
也不知是業力太重，還是自己不願放下。
善知識如你說如果課程沒有完成、完美，就必須重新來過，
可我時時覺得自己應該有一個好的靈性伴侶。
可一位同修又說，如果害怕孤獨而要求一個關係，
那是走錯了方向。

答：

接受它

如果對你來說，追尋一個靈性伴侶，
是你能夠表達愛的最高方式，那麼盡力去做，
如果你有幸能找到一個自己認為滿意的靈性伴侶，
那麼盡善盡美的去愛。
直到有一天，你對愛與自己的了解會更深、更細，
而你也會希望以你更新的最高方式來表達愛。
這一天的來到，這男女情愛的放下，
是因為你無悔無恨，盡善盡美，完全付出的愛，
不問自己的需求，只替對方的靈性成長而全然的付出。
全然盡善盡美的愛，是完美這課程的方法。
練習無條件的付出，是放下執著男女情愛的方法。

因為這個過程會讓你了解自己真正要的是什麼。
人在不同的成長階段，需要面對不同的體驗與課程。
不需要把自己靈性成長的體驗與課程看成是業障。
煩惱是菩提，面對你的煩惱，不要怕走錯。
就算是真的錯，走回來就好了。
對於自己種種不同的體驗與課程，你的責任是全力以赴，
作最好的學生，盡全力作最好的選擇，然後盡全力去做。

改變它

有些人表達愛的最高方式真的是男女情愛，
但因為聽到許多似乎更高雅的課程，而掙扎，矛盾不已。
害怕男女情愛是太低的課程，但自己又實在很想體驗。
他們想把別人好似高雅的課程改變成自己的課程，
過別人的生活，上別人的課。
但有一天，他們還是必須回來上自己的課，過自己的關。
因為這「很想體驗」的深深欲望有一天必須自己面對。
它必須讓你清醒的看到男女情愛裡成住壞空的所有層面。
同時能夠讓你了解，並深刻的感受到自己內在的完美神性。

放下它

如果經過內在的調整與外在的努力，
你仍然無法找到一個靈性伴侶，或毫無欲望體驗追求男女情愛，

那麼上天希望你目前學習的課程可能如下：

1. 不執著外在的人事物來圓滿自己。
2. 你**真正的靈性伴侶是你的靈魂，是上帝**。
3. 對你而言，表達愛的最高方式不是「男女情愛」。

這時候虛心的接受這個訊息，認真的學習這新的課程。
「放下」並不是拋棄你目前的責任，而是內心完全的不執著。

記得～你是愛！

批判

問：**《愛無止境》裡，**

耶穌說：「最初的過錯（原罪）只是批判。」

但我不了解「批判」與「辨別」有何不同。

答：辨別時是中立的，

比如說「這朵花是桔色的，那朵花是綠色的。」

在敘述時，情緒平靜沒有起伏。

如果說：「神棍騙錢！！！」那時有情緒起伏，是批評。

通常，有批判的成分在裡面的時候，一定是有情緒起伏。

但對許多人來說，是因為有了情緒起伏才在批評，

不是批評才有情緒起伏。

問：有哪些原因導致情緒的升起呢？

答：原因多著呢！

隨便一個人說一句話，隨便一個人不送一束花，

都可以造成我們的天崩地裂。

因為眼光全都注意「外在」的東西。

所以外面的人沒對我們笑，我們也生氣。

就是因為「我執」嘛！「我我我」。

看到別人就想到「我我我」，說不定別人根本沒在想你。

情緒起伏太大時，是頭腦處於懷疑和恐懼的狀態。

解脫

解脫是一種情緒、思維、與注意力的狀態。
當你的情緒、思維、與注意力讓你困惑、心痛時，
你就失去了解脫的狀態，你就沒有解脫。

如果你到了巴黎，又離開了巴黎，你就不在巴黎了。
去了一次巴黎，並不代表你現在還在巴黎。
要在巴黎，就留下，不要跑走。

解脫是一種狀態，不是一個證書。
證書拿到了，不管你做什麼事，你還是有證書。
解脫的狀態感受展現了，卻可以再失去，因為心意不自由。

真正的解脫就是自由，
感覺不自由就沒有解脫。
真正的自由是不被形象與分離感困惑，
解脫不是任何一種形式的恐懼，包括對這個世界的恐懼。
任何恐懼意味著不自由，也就是沒有解脫，
對輪迴恐懼，表示思維不自由，表示沒有解脫。

我我我

如果一個人只會問，
「你了解我嗎？」
「你誤會我嗎？」
「你愛我嗎？」
「你不愛我嗎？」
「你攻擊我嗎？」
也許他不自覺，但他還沉迷在自私，我執的情緒世界裡。
他不會其它語言，也聽不懂其它話。
他認為天下所有人也都和他一樣，
只說這些話，只懂這些話，只想這些話。
他沉醉在自己造就的變態世界裡，用怪異的眼光看世界。

他的情緒忽起忽落，毫無定性。
他的看法忽左忽右，毫無原則。
他想成佛，但不知佛無我執，
也不知自己在執著什麼，也不認為自己有我執。
但他每天都在花時間來證明自己的清白與無辜，
和受害者的身份，他不是很好的學生，只喜歡聽甜言蜜語。
背後說別人的缺點時條條有理，
自己的我執被踩時馬上呱呱叫。

他是不可能離開他那波濤洶湧的情緒世界的。
除非有一天他學會**情緒與思維的紀律**，

並學會一種新的語言，而且只說這新的語言，
只記得這新的語言：
「我了解上帝嗎？」
「我誤會上帝嗎？」
「我愛上帝嗎？」
「我不愛上帝嗎？」
「我攻擊上帝嗎？」

愛己及人

覺得很難去愛別人，通常是因為**對自己的要求非常高，**
對自己有諸多批評，一直挑自己的毛病，沒有流溢出來的愛。
如果你非常「愛自己」，你會很容易去「愛別人」。
因為，當你非常愛自己，到達百分之一百二十的時候，
那個「二十」的愛就會流出來，流到別人那邊去。
所以，在「愛別人」之前，必須先學會「愛自己」。

愛自己～**先從不批評自己開始**。
先原諒自己，無論是自己做的任何選擇，或犯的任何錯誤，
都要記得：**我們都是走在「學習」的路上，**
我們做的所有選擇，都是自己當時能做的最好選擇。
愛自己之前，先原諒自己。
你可以**看著鏡子，對自己唸「四句」**。
夏威夷有一位藍醫生，他用四句將整個醫院都弄空了。（註1）
而「鏡子練習」是可以讓你學會愛自己的好方法。（註2）

練習對著鏡子說：我愛你，或是唸四句。
剛開始唸的時候，可能會覺得很奇怪、尷尬，或產生疑惑。
可是，你持續的、有紀律的做這件事情，叫做「戒律」。
持續的做，就會有「定力」。
定力出來以後，就會產生「智慧」。
這就是佛教所說的：「**戒**、**定**、**慧**」。
你做得夠久，就會了解什麼是「愛」。

你也會了解，什麼是「愛自己」，你會了解那個態度是什麼。
剛開始你不明白，但你持續做，就會明白。
如果你沒有戒律跟定力，通常智慧不會出現。

註：

四句：對不起、請原諒、我愛你、謝謝你！

參考書籍：《零極限》

參考書籍：《鏡子練習》

（作者露易絲・賀，2017.9中文版）

愛的回流

每一次剪不斷，理還亂時，閉上眼，讓呼吸慢下來，
然後一遍又一遍的慢慢唸「**我非常，非常的愛自己。**」
唸到愛已回流，心已安寧。
讓這句話像檀木香油一般，投入心火裡，
引發美不勝收的華麗聖火，
一絲絲的暖進每一個細胞，情感，與思維，
照亮所有的角落，撫平一切的傷痛，
添滿無底的空虛，溶化強硬的渴望。

讓愛回流，讓目光回轉。
讓愛的回流喚醒你真我的記憶。
讓愛的回流帶給你醒悟的空間。

愛的回流，是千古情史的開端，是震撼心弦的梵歌。
讓愛回流，讓了悟的淚水洗盡你的雙頰，
讓盲目的追求畫上美麗的休止符，讓倦鳥得以歸巢。

讓愛的回流，帶走所有的角色與故事。
讓愛回流～「**我非常，非常的愛自己。**」

愛的創造者

愛自己的判斷標準之一是：
一個人獨處也會很快樂，無需別人陪伴。
當你還沒學會愛自己之前，情感會變質。
當你還沒學會愛自己之前，會像個愛情的乞丐。

愛自己的方法：

一、學習與靈魂溝通
我們所需要的愛的感受，往往不是外在對象所能滿足的，
而是來自與靈魂一起的親密關係。
人們追求愛的感受，其實是在追求「**與靈魂共振**」的關係。
靈魂是我們朝聖旅程中的伴侶，而神性是我們的永久伴侶。
旅程中，只要可以和靈魂共振，就不容易感覺孤單和寂寞。

二、學習做一個愛的創造者
不愛自己的人，大都是在扮演「受害者」的角色。
若想要改變戲碼，就要成為「創造者」，成為好演員。
好演員就是能感同身受，隨時能夠表演出所需要的情感。
任何需要的感覺，無需別人幫你製造，自己就可以營造出來，
這就是情感的紀律。

一般人渴望被愛的感覺，
就會需要一位外在的對象來呵護自己、擁抱自己。

如果我們從「靈魂年齡」來看，就會更容易了解。

一到五級的靈魂，
比較難創造自己的感覺。
因為他們的眼光還放在外面的目標，還在注意外界的東西。
他們的反射動作都是需要「被愛」，想要找一個愛他的對象，
這樣他們才能感覺被愛。

六級以上的靈魂，
會覺得這種方式不對勁，也無法得到完全的滿足，
這時他們會尋找一個更完美、更長久的方法，
於是會明白，當自己需要什麼感覺，自己就能創造出來。

這個「創造感覺」的方法，需要想像力，觀想的能力，
例如，你想要創造「幸福」的感覺，
你可以把「幸福」這兩個字當成咒語或是佛號，
持續不斷念誦它，你會逐漸感受到幸福。
這個宇宙充滿了能量，每一個文字都具有能量，
你不斷念誦一個字的時候，它的相關能量就會出現，
而且透過你的聲音，你會把這個能量放進頭腦及世界裡。

當你越來越幸福的時候，你就和自己的靈魂越來越親近。
你會發現，除了物質界還有許多世界存在，你一點也不孤單。
你會發現自己擁有許多助緣，
許多天使、指導靈、佛菩薩都在幫助你。

當你對自己充滿愛的時候，你就會吸引更多充滿愛的人。
別人或許不明白為什麼，
但是你會知道這一切都是你自己創造而來。
你所創造的磁場，就會吸引同類的磁場出現，
這就是「**同類相吸**」。

當然，對於你需要的磁場，
自己要堅決持續的創造這樣的音符與振動，
這就是**創造的紀律**。

婚姻的課程

雙雙對對

這個世界上所有的一切，
都可以是學習的工具，也可以是禮拜分享的方式。
結婚生子，可以是上天的賜福，也可以像無間的煉獄。
可以是服務眾生的基礎和起點，也可以是私欲橫流的表現。
需要明白的是，所有眾生都有自己的因緣、課程、與階段。
他們的成長藍圖、方式與過程，是他們與上帝間的神聖約定。
而一個修行人，必須做到的是：
明白自己與上帝的約定是什麼，然後盡全力去做。

如果，你想過雙雙對對的生活，體驗美好的婚姻生活，
那就學習夫妻相處之道，盡全力把雙雙對對的角色扮演完美。
同時，不要忘了認識上帝，學會如何在兩人世界裡靈性成長。
如果，決定扮演單身的靈修角色，
可以試著以看到人的靈性昇華作為生活的動力。
每一種角色都會有其獨特的挑戰與回饋，
但卡在兩個角色中間，舉棋不定，對生活及喜悅的幫助並不大。
選好一個角色，勇敢的向前走，全心全意去做。
你會發現：「沒有小的角色，只有小的演員」。

外遇～第三者

問：
第三者在婚姻關係中到底扮演什麼角色，
真的是破壞者的角色嗎？

答：
對於靈魂年齡一～五級的靈魂而言，第三者絕對是破壞者。
至於靈魂年齡六～十級的靈魂，他們的眼光放得比較遠一點，
碰到事情時，會懂得反觀自己，看看從中能學到什麼，
他們會把任何人事物都看成是學習的過程和方法，
無論情況多麼困難，還是繼續學習成長和開悟。
這種情況下，第三者也沒什麼大不了的了。

一～五級的靈魂，大多渴望被愛。
希望有人能真心愛我，能委託終身、常相廝守，
但在追求愛的同時，又有害怕得不到或失去愛的深深恐懼，
如此一來，課程可能會自動找上門，
因為，每一個恐懼都必須去面對。
有時配偶本來沒事，若自己一直懷疑，懷疑也是一種創造，
懷疑到後來，配偶就假戲真作了。

問：
第三者有什麼靈性上的意義？
答：
從「**因果**」來說，
如果現在搶了別人的配偶，以後配偶也會被別人搶，
這只是初級靈性訓練，並不是很高的意識層次，
因為搶先生和搶糖果沒有差別，都只是搶而已。
每個人都在追求回歸上主的愛，想要感受內在寧靜的愛，
但靈魂年齡一到三級的人，只能感受看得到、摸得到的愛，
所以，能給他們感受這樣的愛的人，就只有配偶了，
也因此對男女關係特別執著。

從「**戒律**」來說，每一個當婚姻第三者的人，
無論理由是多麼的冠冕堂皇，都是犯了所有權的戒律，
這是非常基本的戒律，在法律上已經約定好所有權時，
拿了別人的東西就是犯法的。

從「**情感**」來說，這是一個有情世界，
若有人在什麼地方投入許多情感，失去時就會感覺受創，
第三者所犯下的業，不光是偷的問題，還造成別人情感受傷，
這因果以後必須親自了解、體驗和承受。
想清楚，若自己以後也要去受這種苦，究竟值不值得。
第三者本身沒有高深莫測的靈性課題，只是個**偷**的戒律。
所以，偷錢和偷人沒太大差別，只是，有些人較重視情感。

問：
原配、先生、第三者來找你諮商時，你會如何回答？
答：
每個情況不一樣，因人而異。
對原配，我會說，學會愛自己，學會一個人也可以很快樂。
若把所有的情感和快樂都投注在一個人身上，是很不健康的，
就像是把雞蛋全放在同一個籃子，若掉了，就全破了。

對先生，我會說，已報名的課程，學費都繳了就把課上完，
為何要退學？為何不斷的換學校、換課程，到底想學什麼？
到後來，第三者又變成太太，課程還是一樣，這是徒勞無益的。
在靈修上，最重要的是，把該學的課程學到一百分，
學到一百分時，該走的會走，該來的會來，
自己不需要動來動去、換來換去，還要付一堆贍養費。

對第三者，我看情況，可能提醒他因果業力。
有些第三者會說，他遇到的是他的靈魂伴侶。
真正修行好的人，給他任何人，他都可以當成靈魂伴侶，
送給他任何人，都可以過得幸福美滿，這才叫婚姻修行一百分。
如果可做到這個程度，生生世世就不用再受婚姻和情感之苦。
婚姻課程要圓滿並不是要找最完美的對象，
而是無論誰來都能把這婚姻生活過到一百分。
在印度還有許多人依照古代的傳統，沒見過對方就結婚了。
這不僅可學習無條件的愛和耐心，更重要的還有「不著相」。

結婚與不結婚對於修行是否有差別

最終沒有差別，但過程差異很大，方法也不一樣。
結婚在關係上的考驗比較多，
在每日的摩擦中，要學會通融和耐心，
尤其有孩子時，需要更多的溝通和耐心，
意見不同，要學會接納；成長方向不同，要學會給對方空間。
婚姻看似簡單兩個字，其實是包羅萬象，
要修到好，真的是情感和關係高手，要了悟很好，智慧很深。
婚姻中許多人的挑戰是天和地的差別，靈性和物質的分別，
有些人想修行，可能會覺得婚姻生活中注意力常放在物質上，
都被物質界抓著，會覺得沒有時間讀經書，沒有時間做練習，
最大挑戰是：如何把靈性學習和在物質生活結合在一起，
如何在物質生活中，夫妻關係中，家庭生活中得到靈性的體驗。
這是許多人試圖想要了解和學習的過程。

單身不結婚的情況，因為沒有周圍的家人，考驗不同。
雖然肉身是單獨一人，但宇宙中充滿了關係，關係並沒有變少。
許多的因緣也許不是來自家庭的，而是來自外面的因緣。
由於每個人的因緣和任務不同，有可能人緣非常廣，
因此，人際關係雖然不一樣，但考驗依舊在。
如果是單身，而且是有意識的走在靈修的路上，
通常必須加強敏感度去認識超越物質界的眾生，
必須學會和靈界不同的眾生做朋友，和他們溝通。
關係依舊在，只是形式不同。

緣分是否已盡

當用愛心觀看，
明白已無法進一步的給予對方幫助及提昇，
而停留只會延緩對方的成長，就是緣分已盡，
則必須改變目前的關係，
也許是夫妻變成朋友，才能互相繼續成長。

如果自己不想動，而對方一心想走，也就是目前的緣分已盡。
那麼，鬆開雙手，讓對方自由。
相信上天會照顧一切，相信所有眾生都有佛性。
有一天，會再見面的。

如果離開時，邊走邊罵，不明白發生了什麼事，
也不清楚學到了什麼，也沒有認識自己更深，就是逃避功課，
那麼，還有許多成長的空間。

完美的友誼

在人世間，我們經常試著尋找完美的友誼、愛人、和關係。
但在時空中，外在的友誼和關係永遠不會完美永恆。
為什麼呢？
因為時空中所有的人事物必有成住壞空，必有誤會、分離……
也因為我們的本性是完美永恆的，
我們內心深處的要求也必然是非完美永恆不可。
既然時空中所有的人事物必有成住壞空，
我們如何能得到完美的友誼和關係呢？
我們的第一個完美的關係，
必然是我執與內在真我的關係，也就是我執與內在上帝的關係。
只有與內在上帝建立親密的關係後，
我們的頭腦與情緒才能得到真正的滿足。
這時，我們不會孤獨，
也才能心平氣和的看待時空中所有的人事物。
我們會了解，沒有與內在上帝溝通的眾生必然不穩定，
情緒思維都起起落落，也就不會跟著他們起落，
也才能用愛心及智慧給予適當的幫助。
所以任何時刻，如果認為有人誤會你或辜負你的愛心，
停～～～
記得不要辜負內在上帝亙古以來對你苦心的等候。

掌握與超越情緒

掌握與超越情緒是你現在唯一的課程
別人是否不了解你，完全不是重點，不要被自己的頭腦所騙。
放下非常在意的面子和自以為擁有的地位，不要被頭腦所騙。
不管你以為自己的靈魂來自多麼高等的境界，
來了地球，不會開車，還是得學會開車。
來了地球，無法駕馭情緒，還是得學會掌握情緒。
如此，特殊的靈魂背景又如何？不是眾生都有佛性嗎？
還是因為自己非常自卑，而不斷找方法安慰自己？
高等的靈魂會覺得自己比別人高等嗎？
高等的靈魂會一直抱怨別人不了解自己嗎？
不要被自己的頭腦所騙。
愛面子就容易丟臉，丟臉時就會尷尬、惱羞成怒，
不要被自己的頭腦所騙。
常守清明的片刻，直到它成為永恆的光明。
拒絕做情緒的蹺蹺板，時高時低，
弄得自己糊塗，別人眼花繚亂。
不要被自己的頭腦所騙。

成為情緒的主人

情緒的起伏與執著息息相關。
許多人對自己的執著並不清楚，是屬於下意識的執著。
如此一來，就不可能成為情緒的主人。
執著的個例數不盡，但執著的大致如下：

執著強壯的肉身
執著個人吸引力
執著個人影響力
執著眾人的矚目
執著個人的野心
執著完全的權力
執著摧毀的力量
執著於孤方自賞

執著有條件的愛與被愛
執著受大眾喜愛
執著個人的智慧
執著自私的責任與服務
執著於完全的了解而毫無行動
執著於自我憐憫
執著於當救世主
執著於過分敏感而帶來的恐懼
執著於無益與自私的自我犧牲

執著於自我滿足

執著忙碌
執著於勾心鬥角
執著於鬥爭暴力
執著於無益的創造
執著於自我的善意
執著於過分的科技崇拜
執著於自視極高的效率
執著於計劃一切，掌控一切
執著於自我與天意的配合，而不是團體與天意的配合

執著於享受輕鬆的環境
執著於模糊的藝術感受
執著於不可靠的敏感與多疑
執著於兩極的學說

執著物質與形象
執著聰明才智的地位
執著知識與定義
執著狹隘的觀點
執著團體

執著對宗教的熱情
執著形式與個人

執著無益的理想
執著無明的忠誠與教條
執著情感的回應
執著感傷
執著介入
執著雙雙對對
執著救世主與名師
執著狂熱的盲信

執著神通
執著肉身
執著神祕與祕密
執著性

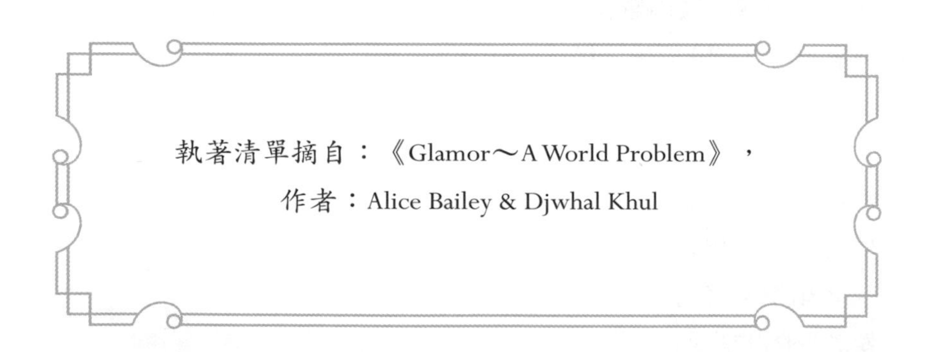

執著清單摘自：《Glamor～A World Problem》，
作者：Alice Bailey & Djwhal Khul

追求但不執著的平衡點

問：

如何才能不執著？

答：

有時不要要求自己太嚴格。

我們看到許多經典或聖人都說不要執著這個，不要執著那個，

但事實上，**每個靈魂的成長點都有不同的東西應該去追求**。

不用管別人說的，聽聽自己**內在的聲音**，

如果追求某樣東西會給你最多生命力、給你最多快樂的感覺、

可以帶給你周圍的人最多的好處，那就去做。

許多修行書籍說七情六慾全都是執著，什麼都不應該有，

這對某些人來說是對的，但對於有些人來說，

追求完美的感情生活和學習完美的感情生活本來就是應該的，

因為，這是他的生命藍圖之一。

如果，那時你強求說，不行，因為我讀了一本書，

書上說所有的七情六慾都是假的，我不可以碰七情六慾，

你要知道這種想法是在浪費時間。

本來靈魂下來之前就安排好課程，

安排我們在這個關係或婚姻裡面學習到一些課程，

也許是耐心，也許是愛心。

婚姻是學習「**無條件的愛**」最棒的工具。

若因為看到書上說七情六慾都是假的，所以要把這些都切斷，

也就是把靈魂下來時安排的課程都切斷的話，
雖然，你還是會有機會學習到耐心、學習到無條件的愛，
但為何不去學原來設計好的功課，而要另外選別的方式呢？
這是沒必要的。

不光是感情生活，金錢的追求也是一樣的。
有許多人的靈魂成長和生命藍圖就是要來體驗飛黃騰達的。
其實，人生不是要放下多少而去成長，或賺到多少而去成長，
有時靈魂追求的只是一種「經驗」，
靈魂沒有把好壞看得這麼嚴格，就像人看黑白那麼恐怖，
靈魂重視的是經驗，而在這個經驗中有沒有學習到：
用「愛」去面對這個經驗，
用「愛」去接受上天的安排，
以及，你對別人的態度是否充滿了愛。
當你學習到一些基本以後，
你再去追求任何你想要的東西，
上天是不會在意的，也沒有人會批評。

許多人寫書說「不追求」，
那是因為他們在靈性成長的過程中已經經歷過那些階段，
對他們來說當然已不適合去追求。
如果，你問這些寫書的人，
當他六十年前，或上輩子的時候他的課程主題是什麼？
跟他五十年後，或者再過三輩子他的學習主題又是什麼？
相信一定完全不一樣，跟他現在所寫的書的主題都是脫節的。

書很好，但是，**只有對你有用的書才是好的**。
至於執著和不執著不用管別人的定義是什麼，自己的最重要。
自己要**怎麼分辨有沒有「生命力」**？
前題是：先確認不會犯法的、不會殺人的，
基本上，不傷害眾生、不做奸犯科、不說謊，
除此之外，**什麼能帶給你「生命力」，你就去做**。

當然，**因不同靈魂的成長程度**，對於傷害的定義也不一樣，
那也沒關係，你先確定盡你的全力不要去傷害就好。
舉一個例子，有些人生生世世轉世的機會比較多，
他們的感情更細膩，他們對於傷害的定義要求更高，
他們對自己的要求非常嚴格，
比如說，與別人碰面時，不可以有負面的思想。
因為，如果有負面思想的能量散布出去的話，別人會被污染，
所以，他們對於自己的要求是不可以污染別人，
一但污染了別人，那就是傷害。
但有另一個人，
他對於自己的要求是，只要不跟人吵架、不要拿刀子刺人家，
這就是不傷害別人。
所以每個人對傷害別人的定義是不一樣的，
因此，你要知道自己的尺度在哪裡，
你盡全力去把那個尺度做好，就是最棒的。
不要過別人的生活，不要用別人的課程來逼自己。
當你放下那些東西，**放下別人的課程，放下別人的要求時，**
你能夠很輕鬆的了解**什麼是你該做的，什麼是你不該做的，**

然後，**認真的去追求你該做的**。

人都無法避免的，一定會成長。
比如說，有一個人的生命藍圖是要學習當大老闆，
他的靈魂想要體驗當大老闆，
那他的靈魂下來就會努力試圖去追求當大老闆。
當他達成目的時，他的內心和靈魂也都得到滿足之後，
他的靈魂對於那個大老闆的角色**不會再有任何的渴求**，
以後就算他還是扮演大老闆的角色，也只是在服務眾生而已。
就像想追求那種沒吃過的東西，
當咬了一口之後終於滿足了的感覺一樣。
就算之後可以再扮演，但是一點都不會再執著，
之前會有一點執著，之後一點都不會有。
無論是在財經或是在情感上，
達到滿足的條件會不一樣，**會因人而異**。
但真正滿足一個體驗之後，我們就不會再執著它。

所以，處理「**執著**」這件事情是很容易的，
當你完全滿足之後你不會執著它。
你要怎麼樣才能完全滿足？
就是要全神貫注、淋漓盡致的體驗，盡善盡美的做。

比如說，在婚姻關係中，
你若沒有盡善盡美的用愛去過每一分鐘，用愛與家人互動，
你的內心就得不到滿足，

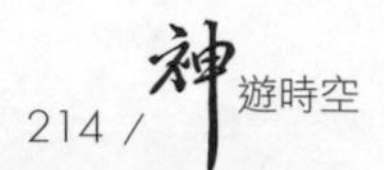

當你得不到滿足的時候你就會想要重來一次，
因為，靈魂會說，不夠美好，好像這個課程還沒完成。
靈魂會說：我要把它再演得更棒、演得更好。
有一天當你**完全投入**在一個婚姻關係中，
你能**用愛心去面對所有的一切，這時好像時間都不重要了**。
當你完全了解純粹的愛的時候，
一切都變得和諧，瑣碎事情都不再重要，
兩人的看法不同不重要，喜好不同也不重要，
成長過程的缺點也都不重要。
重要的是一起走過這個路程的時候，
你有了完美的了解和認知，內心會得到滿足，
那時該放下的很自然就會放下，
你根本就不用再執著去切、切、切。

這跟果樹一樣，成熟的果子會自然掉下來。
其實，最好吃的果子是成熟掉下來的那一刻，
如果，那果子沒有成熟，你拿一把刀切斷未成熟的果子，
這時你吃到的果子會有點酸，不是那麼甜美。
滿足就是：果子成熟自然掉下來才最是圓滿。
那時，**所有參與的任何一方都沒有任何執著，那是最棒的。**
所以，如何讓自己滿足是很重要的，
當你真正滿足的時候就不會執著。
當然，**滿足的前題是：不傷害別人。**
如果我們在日常生活當中，
一次又一次的**選擇不傷害別人，只做對的事，**

剛開始或許會有一些掙扎，
可是，如果你一次又一次都只做對的事情，
最後你會感到**很平靜、很安心**。
只要一段時間裡，一直做對的事情，一直不傷害別人，
你就會有一種**踏實的感覺**，
那種踏實的感覺是另一種**平靜**，另一種美。
有時候，滿足會來自不同的方向，
有一些滿足比較像快感，馬上就可以感受到，但持續不久。
有一些滿足會持續較久，
比方說，每次做對的事情，每次不傷害別人，
你一次又一次的做，雖然剛開始會覺得不是你真正想要的，
但是，當你明白：
你每次的選擇都是在照顧眾生，
把眾生當作自己的小孩一樣。
如果，大家都是你的孩子，都是你最喜愛的人，
你完全不會傷害任何一個眾生，
不管是在金錢、知識、情緒、身體上面，
你都會想要儘量保護他們，
當你一次又一次的保護眾生時，
你的內心會非常安全、非常安定、非常安穩。
那時候，你就是「天地的父母」，
那時候，你一點匱乏都沒有。

所以，人生的滿足和快樂是可以從意想不到的角度出現，
像是照顧眾生的時候、照顧大家的成長⋯，

我們暫且不要用「眾生」兩個字，聽起來好像太大了一點，
有時照顧身邊人的健康、情緒，幫助他們不受傷害、
甚至也幫助自己不傷害他們的時候，是很美～很美～的感覺。
你會慢慢發現生命很踏實，
許多滿足的感覺會來自意想不到的方向。

所以，不用努力去切斷東西，
你就轉個方向來看：**在這件事情上我有沒有做到最圓滿？**
還有該說沒說的話？該做沒做的事嗎？
我的態度是否盡善盡美？
當你自己給自己打分，做到滿分時，
一切就已圓滿，不會再執著。

通常痛苦會發生在滿意五十分以下的時候，
在不同的關係和情況裡，要得到滿意一百分，
你需要說的話、做的事是不同的。
並不是每一件事情
都要說同樣的話、做同樣的事、使用同樣的方法才會得滿分，
所以，這時候要**用平常心看待**，
在這情況下，我的行為舉止要怎樣我自己才會完全滿意？

執著和追求可能會成為人在生活中的掙扎，
有時候，掙扎是因為「**頭腦和靈魂在掙扎**」，
因為，頭腦看得比較近，靈魂看得遠一些，
靈魂會看到人生的生命藍圖。

靈魂就好像在三十層樓高，而頭腦在三層樓。
頭腦能看見五十公尺，靈魂可能看到五百公尺，
所以靈魂看得比較遠。
如果，頭腦和靈魂沒有合一、沒有溝通的話，就會產生矛盾。
因為，頭腦看到五十公尺，就只看到這個人在前面，
可是靈魂站在上面看到的是五百公尺，看到一群人在後面，
這一群人是以後會與你有關聯的人，或是以後會碰到的人，
所以，他會說從這個五百公尺角度來看，我該做什麼事才對。
頭腦看到五十公尺，只看到一個人，他的考量只有一個人，
他會以此做選擇。

修行中，找到我們「**內在的平靜點**」時，
就像高山上平靜的湖水映照著清澈的天空。
我們這樣的比喻是因為：
當你找到「**內在的平靜點**」時，
你的頭腦和靈魂可以開始對話，你的心會明白，
你的頭腦會看到靈魂三十層的高度，
你的頭腦和靈魂一直溝通、一直溝通之後，
頭腦的視野也會跟靈魂一樣，
看到的東西會不一樣，看到的角色會不一樣。
你會有預感，你會有宏觀，
你對事情會更放得下，因為你看到的是大局。

那時，
心會安，
心安就會很美。

平靜、安寧、狂喜

平靜是情感的定止不動，
水面無痕，卻可觀萬斗星辰，可見湖底細紋。

安寧是情感穩定的連繫與流動，
是小我與大我的交融，是自我與神性的細語。

狂喜是愛的蹂躪，在忘卻小我的邊緣，
承受著愛的狂烈沖擊，抖動著邁向未知的天堂。

每一種狀態都自有奇趣且各有其用。
都是你可以選定並且自由體驗的。
有些人喜歡情感的雲霄飛車，
如果沒有大起大落，會以為失去了生命力或靈性的成長。

如果選定狂喜，
觀想愛的能量從四面八方、上下左右、宇宙的所有角落，
強大有力、無孔不入的沖進你皮膚上的每一個毛孔，
闖進你的每一個細胞，觸及你的最深之處，持續不斷…

只想上帝

上帝在內也在外。

只想上帝，也就是**展現最深層的內在、最真實的自我**。

為什麼要持續、不斷的只想上帝？

為了持續、不斷的記得真實的自己。

為了持續、不斷的展現真實的自己。

益處

◇感受時時刻刻的安心。

◇感受完全的不孤獨、完美的滿足。

◇練習、體驗完美的情緒與思維的紀律。

◇放下所有的批評與比較。

◇讓生活充滿活力與方向感。

◇讓生活的每一刻充滿價值與意義。

◇凝視、享受、展現一切人事物完美的藍圖。

◇看到真實的世界、感受真實的自己。

◇感受不可思議的奇蹟，感受無限的加持與祝福。

方法

每一分鐘裡至少一次，輕柔的把注意力及感情投注於上主。

可以輕聲呼喚、可以靜謐的感受。

愛如上帝

問：

當有人在心儀我的時候，我會接收到他的磁場。
雖然也知道是虛幻的情感，但還是會受到影響，
我該怎麼樣才能超越它？

答：

自我定義

靈性成長是不斷重新定義自我的過程。
在生命不斷的挑戰與愛心教導下，
一個眾生從自認為僅僅是一個**肉體**，
到認識自己的**靈魂**，了解自己是肉體與靈魂的組合，
到認識自己的**原神**，了解自己是肉體、靈魂與原神的組合，
到認識了悟內在，外在，**無所不在的神性**。

在不同的自我定義中，
眾生會有不同的觀點、體驗、與挑戰。
有時，超越挑戰的唯一方法卻是重新定義自我。
因為隨著新的自我定義，
舊定義附帶著的挑戰也在不費吹灰之力中煙消雲散。

愛如上帝

當你認定自己是無助的個體，和宇宙、神性遠遠分離，
那麼其他任何人的善念與惡念都能對你有相當的影響，
尤其是當你在意它時。
因為一個自認為無助孤獨的個體，
除了擔心害怕，還能有什麼肯定正面的反應？

試想一下，宇宙裡無數的眾生渴望上帝。
各自用自己熟悉的方式表達對上帝的愛與渴望。
各自選用不同的修行方式，為了與上帝合而為一。
有的視上帝如父親，有的視上帝如母親，
有的視上帝如情人，有的視上帝如愛子。
林林總總，述說不盡。
不同眾生又各自資質不同：
有的細膩，有的粗莽，
有的靈性，有的肉慾。
奇形怪狀，無奇不有。
這些種種不同表象的愛，名稱也許不同，
但最終都是對覺醒的呼喚。
對這些，上帝與天地坦然接受，並適時恰當予以回應。
如果修行的目的是了悟內在神性，那麼理所當然的，
你應當學習以上帝的方式愛，以上帝的方式接受愛：
純真自在，坦然無畏。
但在回應上卻是成熟老練的千古智慧，

幫助眾生了悟內在神性，
來真正圓滿這愛的呼喚。

如何練習擁有上帝的愛，且愛如上帝？
一步一步，
將城市，國家，地球，浩瀚宇宙納入心中，
加以無限的愛與祝福，
並接受他們給予你深深的，形形色色的愛。
在這練習中，愛到所有分離界線的融化瓦解。
在這練習中，愛到自己的真實定義重新展現。
當你的真實定義重新展現，
當眾生是你內在活生生的脈動，不可分離的一部分，
沒有任何形式的愛是你不能接受，需要擔心的。
沒有任何眾生的愛是會把真實的你推下深淵的。
他們對你的愛可以是對覺醒的呼喚，
但你對他們的愛卻必然是覺醒的呼喚。

重新定義自己，為了能坦然接受眾生對覺醒的懇切呼喚。

愛的交響樂

問：

為什麼我們會與造物主分離呢？

答：

分離完全是神聖天心的選擇，
上主的火花為什麼要選擇分離？
分離了才可以在時空內，投胎為不同的眾生，
用不同的觀點感受時空內的一切。
每一個眾生代表一個觀點，
每一個觀點都會由不同的角度看時空世界。
所有的眾生都是上主的一隻眼睛，
所有的眾生合在一起就等於上主在看時空世界。
上主看世界時，就藉著每一個眾生的眼光、角度、感受、
與經驗在感受這個「時空內」的現象。
對祂來說是一種不可思議的視覺感官上的經驗與體驗，
你可以想像上主同時在經驗所有的角色與所有的觀點。
過去有一些聖人在打坐得到禪喜的時候，
他們會忽然間，感覺好像變成城市裡的每一個人，
好像在經驗城市裡每一個人的想法，
這是難以形容難以描述的，
上主就是這樣時時刻刻在經驗我們每一個人的視野，
在感受時空內的一切。
就好比，我們聽音樂，簡單古老的音響是單聲道的，
品質好一點，新潮一點的有雙聲道，效果就會更好，

聽雙聲道可以聽到樂器的不同位置，不同的層次，感覺更細緻。
如果，你的音響有十六個聲道，每一個都分開不同的管道，
你有十六個麥克風在錄製十六個音頻，然後用十六個音箱播放，
那個聲音更美、更精彩、更傳神、更刺激、更不可思議，
因為你聽到更多不同的角度，會有一種「**更完整**」的感受。

每一個視野和角度都是一種「**愛的表達**」。
上主喜歡愛，愛是不可思議的「交響樂」，有許多不同的樂器。
因此，有人說，這個宇宙是上主的情歌。
上主有情，祂喜歡唱歌，祂很浪漫。

我們人類也時常在追求浪漫，我們的創造者更是浪漫到了極點，
創造者的程度一定是遠遠超過我們！

去感受愛的交流，
感受不同的愛的表達、愛的色彩、愛的旋律、
感受「愛的交響樂」。

每一個眾生的感受、動力、與行為都是為了追求愛、表達愛。
上主就在感受所有這一切，祂本來就是愛。

陸 身體與能量

*

身體為了擁有更高等的生活，必須承認靈魂。

靈魂為了要實現物質的經驗，必須榮耀身體。

身體與靈魂擁有許多可相互貢獻之處。

靈魂為身體帶來一個

高等生命、高等意識、和高等原則的願景，

以及追求它們的勇氣。

身體給予靈魂許多的體驗，

而其中最偉大的體驗是：慈悲。

身體也提供了一個作為運用與服務生命的聚焦領域。

身體和靈魂相互的連結與整合，

擴大並指引了心的目標方向。

*

～摘自：《愛無止境》～

身體如馬兒

人的身體像馬兒一樣，
需要適當的鼓勵與讚美，才會賣力、努力、又美麗。
平常如果沒有習慣鼓勵與讚美身體馬兒，
一定會擔心害怕身體愈來愈不健康，愈來愈難看，
這就像拿鞭子打馬，又要馬兒好，又要馬兒不吃草。
我們的鼓勵與讚美是身體馬兒的糧草與甜水。
身體馬兒會愈吃愈健康，愈喝愈美麗。
平常擔心或沒事時，
可以如念咒一般鼓勵與讚美身體馬兒：

身體馬兒，你非常美麗
身體馬兒，你充滿活力
身體馬兒，你如此年輕
身體馬兒，你無比健康
身體馬兒，你……

在讚美身體馬兒時，
馬兒會收到肯定文字背後的完美藍圖，然後依樣畫葫蘆。

讚美身體的器官

許多人愛美，卻只從外在下手，
因為他們看到的只有皮膚、臉蛋兒、身材、頭髮，等等。
但別忘了，所有外在的美必須來自內在所有器官的完美運作。

因此，在為了度眾生而逼不得已必須勉強美容自我的你，
不要忘了在極端努力的讚美外在身體馬兒的同時，
也要記得讚美內在各個不同的身體器官。
沒有它們的合作，你的皮膚、臉蛋兒、身材、頭髮都不會好看。
沒有內在美，就沒有外在美。

讓你的器官沐浴在青春的愛之泉中，
沉浸在充滿生命力的氣氛與能量裡：

美麗的器官，你們如此活潑！
美麗的器官，你們合作無間！
美麗的器官，你們善解人意！
美麗的器官，你們生意盎然！
美麗的器官，你們完美無缺！

放鬆與神閒氣定

一個緊張害怕不能奪魁的騎師必定會把自己的壓力傳給馬兒。
一匹有壓力的馬兒也不能全心全意，忘我的跑，輕鬆的奪魁。
一個信心十足，神閒氣定的騎師才能帶給馬兒溫暖的安全感，
馬兒才能淋漓盡致的跑出驚人的成績。

一個充滿緊張，害怕身體不美又不健康的你，
無論如何鼓勵與讚美身體馬兒，
那緊張害怕的聲音與情緒也會讓身體馬兒一頭霧水，
不知道你是在罵它還是讚美它。
不知道應該是發抖還是快樂的努力。
只有在你深深的放鬆下，
你才能不發抖的真心誠意讚美鼓勵身體馬兒。
只有在身體馬兒深深的放鬆下，
它才能完全的接受你所給予的讚美及鼓勵。

在鼓勵與讚美身體馬兒之前：

身體馬兒，你完全放鬆
身體馬兒，你神閒氣定

超越懷疑與恐懼

心情不好時，能停止呼吸嗎？
天氣不好時，能不煮飯給孩子吃嗎？
懷疑比賽不能奪魁時，能停止餵馬兒糧水嗎？
害怕自己身體不美不健康時，能停止讚美鼓勵身體馬兒嗎？

在害怕自己金錢匱乏時，更需要十一奉獻。
在認為自己被惡意傷害時，更需要感謝眾生。
在擔心自己已無可付出時，更應該勇敢服務。
同樣的，在懷疑與恐懼身體情況時，
更需要讚美與鼓勵身體馬兒。
懷疑與恐懼是外在的陰晴圓缺，
但讚美與鼓勵是內在的不變指標，必須繼續。
這不斷的讚美與鼓勵是突破情感與思維上的瓶頸，
是完美的紀律。

清爽明亮的身體

一個清爽明亮的身體
需要正確適當的休息、運動、飲食和習慣。
平常累了就休息。
運動應有剛有柔有節奏，定期有紀律的做。
飲食應素食，多生機、多蔬果、多水，少人造加工食品。
每天要有適當的陽光和足夠的新鮮空氣。

清爽明亮的身體才能輕鬆的表達平穩甜美的心情。

能量輪

能量輪	主動要求者	被動要求者
第一輪（根輪）	我來拯救你	拯救我
	我來給你歸屬感	給我歸屬感
第二輪（腹輪）	我要擁有你的身體	擁有我的身體
第三輪（丹田）	我來控制你的行動	告訴我怎麼做
	我主宰你	主宰我
第四輪（心輪）	我愛你	愛我
	我來填補你的空虛	填補我的空虛
	我同情你	同情我
第五輪（喉輪）	我替你說	替我說
	聽我說	我聽你說
	我會說你愛聽的	說我愛聽的
第六輪（天眼）	我注意你	注意我
	我替你看	替我看
	看我要給你看的	你看到什麼？
第七輪（頂輪）	我替你想	替我想
	我擁有你	擁有我

能量鏈

當兩個人長期性及習慣性因思想及情緒狀態不平衡，
導致人際關係不正常的需求時，
如果一方主動要求，另一方被動要求，
則會造成兩人持續不斷的磁場溝通、聯結於某些能量輪。

1. 能量鏈的形成必須有兩個人合作，
   一方主動要求，一方被動要求。
2. 任何的能量鏈都會負面影響一個人靈性順利的成長。
3. 能量鏈的形成表示兩個人相處密切，一個願打，一個願挨。
4. 若兩個人都主動要求在第三、五輪，都認為對方不對，
   又想控制對方言行舉止，結果必是吵打不停。
5. 如果非要形成能量鏈以滿足自己心理上的需求，
   應以上帝為對象，將能量鏈與天相連。
6. 要真正的與人心靈相通、佛性相見、圓滿相處、互相成長，
   也就是體驗沒有我執的真愛，
   必須非主動要求，也非被動要求～也就是無所求。
   只問上帝如何能幫助對方靈性成長，盡量去做。
   切忌把自己的能量及要求硬逼到別人的空間裡。
   尊重別人的成長過程及選擇自由，給別人自由，
   自己才能自由。
7. 若要平衡能量輪，可觀想七個輪，如七個音符一般，
   音量相當，奏出和諧之音。

光之舞

你是神聖的
有一個永恆的光體
祂默默守候等著你
讓你看到光的世界
光的眾生，和一切

如果你不是光
就看不到光的世界
如果你只看到自己的肉體
就只能在物質界掙扎

如果你不是光
如何幫助人？
如果你不更光亮
如何幫助更多人？

以為自己是肉體
希望光的加持
是捨本逐末
難逃寂寞

光才能看到光、摸到光
光才能聽到光、聞到光

莫虛度，莫蹉跎
看自己是光，只是光
奪目耀眼，明亮璀璨
白中透金，金中泛白
似珍珠，如華鑽

接受自己是明亮光體
與光一起震動、鳴響
與光一起呼吸、迴旋
看到自己是明亮光體
與光一起飛舞、燃燒、融合

如果你不是神聖光體
如何看到上主容顏？
如果你不是神聖光體
如何虹化飛天？

看穿形象

任何事情，如果不勇敢面對，
只是逃避壓抑，是不會有用的，也無法解決問題。
應儘量把**肉體的形象及動作**的看法正常化，如呼吸一樣自然。
你會為了吸一口氣，感到羞愧，而屏氣不呼吸嗎？
因為對一件事感到羞愧表示你仍執著於它。
如果你仍執著於它，那你就永遠無法超越它。

如果靜心時，看到肉體的形象及動作，
應該慢慢看，仔細分析，
為什麼某些部位、動作會讓你興奮激動，且心神蕩漾？
如果真的想看，要看，就仔細看，慢慢看。
不要像小偷一樣，偷偷摸摸，心虛害怕。
不要邊看邊感到罪惡。
就是因為沒看清楚又想看，才會一直興趣濃烈。

真正仔細看後，才會發現，
在所有肉體的形象及動作的背後，
看穿時只是強烈**能量的流動**。
若無法看穿，則只能看到肉體的形象及動作。
這些能量若能感受到，
可帶自己進入三摩地，超越肉體形象的等級。
能量流動的感受，必須慢慢體會了解，可能不是一天的事。
所以要有耐心的接受自己，原諒自己。

身心要如一。

如果和配偶發生肉體關係時，

要全心全意愛對方，將對方當成上帝的代表。

愛是可以培養的。

如果心儀於他人，

表示你匱乏或希望擁有對方的某種**品質及能量**。

細想這些是什麼品質及能量。

這時，**可用打坐的方式，直接從天地中取得，**

且讓自己擁有、展現這種品質及能量。

如此一般，就不會再希望擁有對方的肉體。

平時有空，應觀想體內七個能量輪內的能量，

可自由流動於七輪之間，流到所需之處。

分享體驗

問：

我看書中談到，不要與他人分享體驗，
否則，好的體驗就會容易不再重現。
我的疑問是，我們夫妻之間可以分享體驗嗎？
有些體驗若有不明白的地方，可以問老師嗎？
不分享體驗的原因，是因為怕會膨脹個人的我執嗎？

答：

能量的交流

許多人不知道，但能量如水，流動不止。
人與人之間、人與萬物之間的能量交流也從未停息。
嘴是人傳遞能量的管道之一。
一般人只聽到聲波，
但除此之外，說話也會傳遞能量，
傳遞與口語相對的能量，
傳遞與心意相通的能量。

加持的體驗

靈修過程裡，會經歷許多體驗。
有些體驗其實是指導靈、師父、佛菩薩的安排與加持，
也就是說，那能量與頻率還不是自己的，是一份贈禮。
一份尚未內化的贈禮。

自力的體驗

靈修過程中，也會有許多時刻，
透過自己的努力與專一，觸及新的境界與能量。
但因為是新的能量，一切尚未穩定、尚未內化，
卻是真實的體驗。

長養體驗

在能夠分享體驗之前，必須先將體驗內化。
否則圍繞體驗的能量將隨之流出，
如同蛋尚未孵出，蛋白已被取走。
再要孵雞，又必須從頭開始。

確認體驗

有時不明白內在體驗，想要詢問。
如果體驗是好的，那麼慢慢等待、享受，

時間會自然帶來答案與了解。
能量會成熟、轉變、內化。
如果還是覺得想要詢問好的體驗，
那麼請天使與護法結界，
不要在公開場合詢問，
因為你可能驕傲、誇大，別人可能嫉妒、懷疑。
也因為能量未成定局，你可能會受到別人思維、情緒的影響。

分享體驗

如果能量已經內化，你不再有問題，
一切已成定局，你可以放心適時分享。
用言語傳達思維、感受與能量，
啟發別人也去探索更高的方法與境界，體驗嶄新的世界。
如果喜歡夫妻之間分享體驗，
為了情感交流，那又何必擔心失去體驗？

為了學習而分享

如果你的分享是為了學習，
如奇蹟課程所說：教導是為了說服自己所教導的東西，
那麼就不必擔心失去體驗與否。

傳達訊息

有時接收的能量與訊息是為了傳遞給別人。
這時如果不適時將能量傳遞給預定的人，
能量會卡住，造成不適與壓力。
這種能量也是體驗，但因為目的不同，處理的方法也不同。

接收能量

問：

為什麼白天會有頭疼、頭暈和心跳的感覺？

是否接受上面的能量的方法不正確？

答：

在接受上面的能量時，身體的能量和振動力也會提高，

這時身體也會有所反應。

修行的路上，要學會不過分重視身體的反應。

如果身體有所不適，就問上天：

「如果身體不適是錯誤思想、情緒或習慣造成的，請告知！」

如果不是錯誤思想、情緒或習慣造成的，

則是振動力提高的反應。

這時，只需輕輕閉上雙眼，

靜靜記起上帝的所有，

放下一切其它，不適之感自然慢慢消失。

清理能量

問：

如何清理身體、情緒、思維各個層次的負面能量？

答：

身體上的其實很容易，洗澡就能夠清洗乾淨。

如果你去了某些場所，那裡有一些能量是比較粗糙的，

回來用水就可以洗掉沾附在身上的振動力。

在物質層面，通常用水淨化是最快的。

情緒上，要學會掌握自己的情緒。

可以用音樂，或用香的、好聞的東西去提升情緒的頻率。

正面的思維也可以調整、釋放負面的情緒，

所以，要練習想正面的、美好光明的一面。

思維上，也是用正確的思想替代負面的思想。

此外，可以用內觀的方式去面對**能量**的阻塞。

或者，你跳脫自己，也就是以第三者的角度觀察自己，

許多能量的不通，會自然開始流通。

這些方法都可以試試。

如果覺得太抽象，也可以做做運動、去看些賞心悅目的東西、

去做會讓你快樂的事情、和朋友聊聊天、去幫助其他人……。

只要能讓你「**轉移注意力**」、變得**快樂**的方法，都會有幫助。

治癒自己

問：

身體有狀況，但不想去看醫生，想治癒自己，可以嗎？

答：

肉體生病時，
如果能夠控制自己的思想、情緒、意識，就不用去看醫生。
如果真正放下物質界，對天地完全有信心，明白活著的目標，
才能治癒自己。

如果肉體生病而且面臨死亡，那是因為靈魂先決定了，
所以，放下、放鬆。

真正的治癒自己，是與靈魂結合，是做靈魂要我們做的事。
把注意力從肉身拿開，勿執著於肉身，只傾聽靈魂的指示。
靈魂才是主人，勿把肉身當一切之主，
肉身只是戲服，物質世界只是一場戲。

不要和靈魂抗拒，
所有的疾病，都是因為靈魂的能量與物質身體的能量相差太多。
打坐時，**傾聽靈魂的聲音，與靈魂溝通配合。**

緊急救援

問：

有次我搭公車下車時腳沒踩好，我知道就要摔下去了，

當下瞬間，彷彿整個時間空間都停住，請問這是怎麼回事？

答：

每個人的生命藍圖裡都有不同的點，

有時可以選擇從那些點離開人世，像高速公路的出口，

如果時候未到，卻有意外發生時，

天使和指導靈就會緊急救援。

例如開車發生意外時，天使和指導靈救援的方式有三種：

1. 介入你的身體，控制車子，完成後再離開。
2. 先把你抛到四度空間，把車子翻轉弄個小傷害，再把你送回去。因為時間發生得非常快，大部分人感覺不到，但旁邊的人會覺得是奇蹟。
3. 將車子移到四度空間再放回來。

但天使和指導靈通常會選擇能量花費最少，影響最小的方式。

可能因為你的敏感度，

當你在四度空間時，感覺當下的時間空間不太一樣。

飲食與修行

宇宙中有許多神祕的律法規則，這些規則的力量很大，
當你還在吃葷時，上天不會告訴你的，
因為不確定你的慈悲心和戒律達到哪種程度。
如果你持素，卻不守戒律，
這祕密也是不可能到你手上的，天知道你會傷害誰？
如果你真的想要知道宇宙祕密，必須成為不會傷害眾生的人，
否則，你只能了解到某種程度，你只能了解愛與慈悲，
除了愛與慈悲之外的東西，上天是不會告訴你的。

問：
如何去平衡宇宙和地球能量？
答：
平衡宇宙和地球能量也是同一體的成長。
當你超越人群做事情，吃素變得越來越重要。
你要開始運作能量時，吃素變得更重要。
吃肉的能量是一種，吃素的能量是一種。
你吃葷時，與動物的死亡有關，
你接上的線，也是恐懼、悲慘、死亡、地獄……。
你食用動物時，你會與動物能量接軌，
所以，先把自己清理乾淨，
否則，有許多是你不想接觸和看到的東西。

美食

對於一個只知道暴飲暴食的饕客來說，
開始注重美食是好的下一步，是學習美與細察其文理的開始。
對於一個長久的美食者而言，則是中庸之道的考量。
所花在美食上的注意力與時間，
或許能轉移一些到幫助他人成長，
如果每天用上四小時尋找美食，也許可改成兩小時。

美食不僅僅是色香味的講究，也包括愛的交流與感受。
對水果、蔬菜、穀物的愛與感謝。
對農人、商人、廚師的愛與感謝。
對廚具、餐具、空間的愛與感謝。
食物將進入我們的體內，與我們融合為一體。
是個充滿靈性的一刻。
飲食是使食物成為自己的一部分的過程。
美食是對這個過程的全然了解與昇華。
這包括水、空氣與陽光，也包括訊息、音樂與能量。
亂看亂聽之人，就是亂吃之人。
沒有愛，何來之美？
享用食物時，可有打開心房，
允許所食之物進入體內與自己心靈相通交流？

日中一食

思念上主

靜觀飽餓

靜觀喜惡

靜觀兩極

給靈魂溝通，共振的時間

給身體休息，復原的時間

練習身體、情緒和思維的紀律與控制

柒 訊息與指引

*

……靈魂知道，

人格或小我即將在地球的層次上發展，

進住肉身時，視野會變得狹隘，

只能聚焦在地球生活的細節和瑣事上，

將會無法感知自己存在的全貌。

因此，靈魂將自己交託給來自更高層次的嚮導……。

*

～摘譯自：赫萊瑞恩系列《象徵與符號》～

三種指引

人必須熟悉接受來自三種來源的指引。
這三種來源的指引必須相互印證確認。
記得三種來源最終就是「祢」。

<table>
<tr><td>內在上帝</td><td>打開內在</td><td>潛意識
靈魂
真我
內在聲音
神聖天心
內在神性小孩</td></tr>
<tr><td rowspan="2">外在上帝</td><td>向上提昇</td><td>兄長
大師
聖人
化身
天意
天愛</td></tr>
<tr><td>向外擴展</td><td>天使
人們
情況
大自然（動物、植物、星辰等……）
環境（建築物、物品等等……）</td></tr>
</table>

盲從與臣服

盲從與臣服都代表遵從某種人事物，
所遵從的指示有時都可能讓我們無法理解。
盲從與臣服的不同之處在於所遵從的訊息來源。
當訊息來源來自神性，遵從便是臣服，
當訊息來源來自其它人事物，
沒有經過內在神性首肯，遵從便是盲從。

一個沒有與內在神性溝通的人，
就會經常接受、追隨不適合自己的訊息，
也必須在錯誤中學習、成長。

如果一個人的下意識充滿許多負面的記錄，
他便無法分辨下意識浮起的負面訊息，與內在神性的指示，
也就很容易盲目追隨錯誤的架構。

盲從到臣服

沒有認識內在神性的人必然得經歷盲從。
在時間與空間的提煉之下，
他漸漸自盲從、聽信許多雜亂的人事物，
集中為遵從一個集中的人事物。
這時，取決於他與內在神性的溝通程度，
他有時盲從有時臣服。

這時，他繼續加深與內在神性的溝通與認識，
繼續清洗釋放下意識裡負面的記錄，
逐漸，對外在人事物的盲從開始轉變成對內在神性的臣服。
這是認識自己的溫暖美麗過程。

慢慢的，不管訊息來自內還是外，
他只會在內在神性首肯之下行動。
最終，他會發現，
內與外的界線逐漸在消失。

這時，臣服是他生命的音符與禮讚，
是他與神性共享的情歌。

接收訊息

想要得到正確的訊息，有二個原則：
一個是完全「**放空**」。
當你完全放空，你就像一支中空的笛子，
你若是真的「空」了，就像上天正在吹奏一支笛子似的，
你就是這支中空的笛子，讓上天吹奏你，讓訊息自然流動。
做一個無我的、充滿愛力的傳聲筒。

另一個原則是「**愛心**」。
想要得到別人的訊息，前提是一定要有「愛」。
若你對這個人沒有愛，你的指導靈不會讓訊息流到你這裡。
如果沒有愛，收到的訊息既混亂又扭曲不堪，
甚至很可能是頭腦想出來的。
所以一定要以愛作為前提。
在愛的前提下，宇宙沒有任何祕密。
在愛的前提下，所有的花朵都綻放，所有的祕密都被揭露。
許多人以為探索宇宙祕密的過程是一件很困難的事。
好像必須拼命努力打坐靜心念佛，學會各種法門，
像是過五關斬六將一樣，其實不用這麼麻煩。
正確的態度是：**懷抱著愛心**。
接著，宇宙的神奇之處全都會向你開放。

閱讀與接收訊息

頭腦藉著閱讀思考的機會，可以鋪平一層訊息通道。
上天不用先開墾就能流通訊息，因為通道已經存在。
只要將能量從一條路送到另一條路，就會有新的思維發生，
指導靈們不需要先替你鋤草開路。

如果平常多訓練思維能力，會比較容易與上面溝通。
常人若沒有特意發展思維，接收訊息時可能會有兩種情況：
一種是上天用感覺傳遞資訊，
因為接收者對高等思維較陌生，無法正確轉譯。
另一種是接受者本身是被動的，像乩童一樣喪失記憶與意識。
靈界給的訊息，他收到後就直接送出去，
他自己不能在有意識的狀態下接受訊息。

內在聲音：如何傾聽（一）

我把耶穌放在心中，看見耶穌在我身旁，
我讓自己安靜下來。

我提出問題，
然後專注於那自然而來的
溫和、堅定、明智及幽默的思想流。

我提出問題，
然後看著耶穌以無限的愛和智慧回答它們。

當問題與答案出現時，我立刻記錄下來，
然後，我閱讀、欣賞、判斷，並適時的執行那些解答。

內在聲音：如何傾聽（二）

我看見心中的白光
我跳入光中，飛向它的核心
白光愈來愈亮，白光愈來愈強
比絲更嫩，比雪更輕
暖過太陽，美過明珠
白光使我深深平靜
我與中心愈靠愈近
音聲振動從中而來
觸動我、洗滌我、擁抱我
在極亮之處，在極白之處，在光之中心

我看見內在的神性小孩
神性小孩在我心中
神性小孩天真純潔
神性小孩充滿了愛
神性小孩擁有智慧
神性小孩～內在的上帝

神性小孩對我說話，告訴我所有的事物
告訴我～我是上帝

內在聲音：如何傾聽（三）

What pulls on your heart？

是什麼吸引你的心 ？

What draws out your heart？

是什麼牽引你的心 ？

What engrosses your heart？

是什麼使你的心專注 ？

What gives your heart peace？

是什麼使你的心平靜 ？

What are your natural talents？

你天生的才能是什麼 ？

Where does your heart want to go？

你的心想往那兒去 ？

What makes your heart sing in joy？

是什麼使你的心歡唱 ？

What makes your heart come alive？

是什麼使你的心快活 ？

What makes your heart keep on going？

是什麼使你的心勇往直前？

內在聲音：如何傾聽（四）

愛的見證者從不說「我」
愛的見證者只說「他」
愛的見證者只說「她」
愛的見證者觀察和訴說
愛的見證者～神性的播報員
愛的見證者說出真理
愛的見證者是純理性的
愛的見證者是完全清晰的
愛的見證者看見所有事物
愛的見證者知道所有事物
愛的見證者出現，我執隨之消失
愛的見證者使思想清晰，使懷疑消失

內在聲音：真假

內在聲音	虛妄聲音
愛	恐懼
合一	分離
真我	身分
和平	衝突
寧靜	不安
喜悅	痛苦
明晰	困惑
欣賞	批判
自由	受限
信任	懷疑
尊重	藐視
誠實	誇大
公正	偏頗
和善	兇惡
流通	障礙
能量	混沌
創造性	破壞性
生命力	消沉無力
由無形的手所支持	獨自在世界中

辨別靈感與情緒

問：

我們在練習創造的過程中，有沒有方法能辨別，
得到的是「靈感」或是「情緒」？

答：

當你害怕、恐懼、覺得時間不夠用、覺得很緊迫，
好像下一分鐘沒做好世界就要垮下來的時候，這是你的情緒。
因為，你內在的神性，什麼都不怕，祂有的是時間。
完全沒有恐懼、沒有擔憂、心裡很平靜，很輕鬆自在，
那個時候來的念頭，比較有可能是靈感。
那種感覺來的時候，你會知道它是不會傷害別人的。
它會帶給你一種「很美的、真善美的感覺」。

天意導向

真正相信上帝就是完全相信上帝的意思。
這時會明白，只要我們不懷疑、害怕、掙扎，
上天給我們的安排一定是對的。
也只有在完全的信任中，我們才能接收和了解天意。

恐懼和相信上帝成反比。
一個多，另一個就少。
只要自己還有恐懼，就表示信心仍然有成長的空間。

在處事上，若在靜心後，覺得一件事是該做的，
就放手去做，不論得失。

一件天意導向該做的事，若不做，
會如心掛石，如河逆流，心神不定。

做了天意導向該做的事後，
則如浪子回歸，順水行舟，神閒氣定。

許多人分不清什麼是心神不定，什麼是神閒氣定。
了解兩者的差別，是修行必經之路。
如果明白天意導向，卻以得失為由，
忸怩作態，忽前忽後，固步自封，
則是名利心重，目的不清，頭腦分裂。

需知，**天意是唯一的理由**，別無其它。

日常生活中，不是每件事都有天意導向。
也不是每個人，都能辨別逆流與順流。
因此，考慮主題、興趣與對方的真誠，而後行事是必要的。

如不知該主動或被動，
停下來，靜下心，感覺一下。
如果還是不清楚，就先別動，
把身心意全部為上帝準備好，隨時待命。
也乘機享受寧靜無邊的美。

每一個夢，或是打坐的境界、體驗，
我們自己一定可以了解。
有任何的體驗時，
試著寫下十種不同的解釋，
然後靜心感受，你會了解體驗所帶來的訊息。
也會明白有時一個體驗，會有不同層面的訊息。

四位大天使

大天使　邁可（Michael）
保護、清理磁場、釋放靈魂、
勇氣、力量、動力、生活方向
信念的長養、自信的提昇
和平、合作

大天使　蓋博爾（Gabriel）
關係的昇華
生育、幫助幼兒
幫助藝術家、大眾傳播媒體

大天使　優瑞爾（Uriel）
靈界與物質界的整合、心想事成
地球的昇華、氣候、自然科學、經濟、政治
解惑、讀書、考試、寫作、幫助學生

大天使　拉斐爾（Raphael）
發展靈視、身體健康、旅遊安全
指導、幫助醫療人員、清理磁場、釋放靈魂
照顧動物、戒癮

訊息與創造

四覺

四種接收訊息的方法與管道：**感覺**、**聽覺**、**視覺**、**直覺**。
四覺是可以同時發生的。
就像和人碰面時，你可以感覺溫馨，聽到他們的問候，
看到他們的笑容，同時直覺到你們的共同之處。
你並不需要先感覺、再聽、再看、再直覺。
但若你頭腦混亂，胡思亂想，那麼可能無法感覺到任何訊息。
想要看到紙上的字，紙和字的顏色必須不同。
訊息是「動」，所以紙必須是「靜」。
因此，有效的覺知，需要美的靜心。

直覺與推理

「直覺」有一種天外飛來的感覺，無跡可尋，迅如閃電。
如果你試圖追溯直覺的來源，你會發現它好似不速之客。

「推理與聯想」總是有跡可尋：「因為…… 所以…… 」
例如：「臉上長了一顆青春痘……可能是睡不夠……
或是吃了…… 」。

慣性反應

可能被誤認為是直覺，因速度和直覺一樣快速。
如果一個人很負面，
可能碰到任何情況都會馬上以負面的方式來解讀。
別人缺乏笑容，他可能認為別人瞧不起他。
自己對別人有所批評，卻認為是別人在說謊。
指導靈試圖與他溝通，他可能認為是鬼魂來鬧事。

負面的慣性反應是墨鏡，
阻擋了正確的推理，也扭曲直覺的接收。
人必須先學習放下負面的墨鏡，放下批評，
放下不原諒，放下情緒的波濤洶湧，
才有可能放下負面的慣性反應。

正面的自然反應並不需要放下，反而需要珍惜，
因為正面的自然反應是對自己與別人的加持與祝福。
正面的自然反應是完美的視覺，
直視眾生的佛性，忽略虛假的幻象，
加持眾生的開悟，是上帝的眼光。

訊息與創造

問：

為什麼要接受訊息？

答：

有些人可能是為了趨吉避凶，

有些人可能是為了家財萬貫，

但接受訊息的最終與最高目的，

是為了明白：**如何更完美的創造與存在**。

正面的自然反應是完美創造的基礎。

四覺可以引導你恢復正面的自然反應，

幫助你進入天時地利人和的時空，因而達成更完美的創造，

也可以帶你放下時空，進入天心。

正面的自然反應，幫助你擁有清晰正確的推理，

奠定你完美四覺的展現，也是時時刻刻完美創造的正確態度。

兩者相輔相成，缺一不可。

訊息與行動

接收訊息是為了更完美的創造。

訊息的內容也帶來了態度與行動的方向與方法。

如果訊息來時，並無平安與不安的感覺，

那麼便用下列的方法來分辨可行性：

1. 可有傷害他人或自己？

2. 可有幫助他人或自己？

如果會傷害任何人，那就不行。

如果不會傷害任何人，且能助人，那就可行。

訊息的解讀

訊息及符號可來自夢、靜坐、或日常生活中。
我們應當解讀、瞭解、並應用所有的訊息及符號，
如此一般，思維會愈加成熟清晰，
靈性成長的過程也會更加順利。
訊息不一定都是客觀的，
有時它會是主觀的，反映我們的內心世界。

如果有人有夢或訊息，但不知道如何解讀，
我們應該用下列的步驟來幫助他們瞭解：

1. 幫他們解讀
2. 幫他們解讀，並解釋理由
3. 引導他們解讀
4. 教他們如何教其他人解讀

如果有訊息及符號，可用下列的方式來嘗試解讀：

靈感

有時我們看到或聽到一個訊息及符號，
我們直覺的會知道它代表什麼。
相信你的直覺與靈感。
問自己：如果我知道，它會代表什麼呢?

告訴自己：我曉得你不知道，
但如果你知道，它會代表什麼呢?

感受

指認訊息及符號所帶來的感受。
指認感受所喚起的過去經驗及記憶。
這些過去經驗及記憶教導了我們什麼寶貴的課程?

成為符號

說：「我就是這個青蛙（符號）。」
然後說出任何浮現腦海的話。
假裝不同的符號在對話，然後你聽它們在說些什麼。

記錄自己的符號字典

當訊息及符號反覆在生活中出現時，
經過仔細觀察，你會慢慢了解它們的涵意，記下來。
當訊息及符號再次出現時，參考自己的符號字典。

問指導靈

靜心觀想指導靈、天使告訴你訊息及符號的涵意。

聯想

訊息及符號讓你聯想到什麼？哪一個聯想最貼切？

假裝解釋給外星人朋友

你的外星人朋友剛來地球，對地球的一切都不懂。
你必須讓他明白青蛙（符號）是什麼。
但必須從頭解釋：
「青蛙生出來時是蝌蚪，在水裡生活。
長大後變青蛙，可在陸地上跳躍，是雙棲類，大多是綠色……」
在解釋的過程中，你會很容易明白它們對你代表什麼意義。

查看自己的文化家族背景

不同的文化家族背景，
可能會對同樣的訊息及符號有不同的解釋。
以自己的文化家族背景，來瞭解訊息及符號可能的涵意。

查百科全書

如果夢到佛洛伊德，但不知道他是誰，可查百科全書瞭解。

查看符號或夢字典

市面上有出售各種符號或夢字典，可選一本喜歡的使用。
如果你一直使用同一本，
這時訊息及符號會以這本字典的解釋出現。
如果一個訊息及符號有許多解釋，選用最正面、肯定的解釋。

內耳的訊息

在內耳接收訊息的過程中有不同的階段，取決於熟練的程度。
在剛開始時，指導靈可能以左右之別來與你溝通。
左耳代表：不、停。
右耳代表：是、繼續。
如果正要做的事對大家沒有好處，左耳可能會有**警告**的鳴聲。
如果你做的事是幫助靈性的，右耳可能會有**鼓勵**的鳴聲。

但以左右之別來溝通，內容有限，也只能給簡單的答案。
所以當你更加熟練、敏銳、肯定和願意時，
指導靈可能會希望更進一步的與你有更深入的溝通。
這時鳴聲如同電話鈴聲，
它的意思是：「我們有話要說，請問我們。」
在這個階段，指導靈所給予的訊息就像思想流一般，
你可能會以為是自己在胡思亂想或出現了雜念。
但有時鳴聲是因為有新能量和訊息的下載。
有些訊息與能量，是為了你日後的課程與服務所需的準備。
所以不一定每一次的耳鳴都是指導靈的電話鈴聲。
這些訊息會先被存入下意識，然後在你需要的時候浮現。
而這些新的能量，會帶給你新的感觸與覺知，
使你能更有效的服務。

實相與幻相

你所擔憂、恐懼、痛苦的負面東西，全都是**幻相**。
使你安心、覺得有愛心、感覺輕鬆的東西，就是**實相**。
這也許和一般人的說法不太一樣，
但我認為這是最實際的一種說法，
因為，**沒有用的東西就是幻相**。

內在體驗也是一樣，
如果對你有用，那就是真的，
如果對你沒有用，那就不必理它。

許多人開了天眼之後，看到非常多的東西，
可是如果沒有智慧去解讀這些訊息，會造成生活混亂。

解讀是一種智慧，這就是所謂的**慧眼**。
慧眼，是用來解讀天眼所看到的東西，不是用來看東西的，
所以，慧眼能了解什麼是有用、什麼是沒用的。

訊息的處理

有時我們無法判斷訊息的真假，
所以需要靜心，去感知這個訊息裡面有沒有愛，
有沒有幫助靈性成長的力量。
如果你得到的訊息與別人相關，
要考量說出訊息時，對於對方的靈性成長是否有幫助，
或只是為了表達自己「得到了一個訊息」。
不是每一個得到的訊息都該說出去，
不是每一個從報紙上看到的東西都該告訴別人。

我會對我的指導靈說：
「需要我了解的事才讓我知道，
不需要我明白的，不用讓我知道。」

靈修到某個階段，一定會對任何事都很好奇，想要了解一切。
但是，過了這階段，你會知道過多的訊息用不出去就是垃圾。
訊息太多會影響你的生活，所以你只需要知道得「剛剛好」。
你會自動尋求關閉訊息流入的方法。
不需要時時刻刻都接收到別人的隱私與困擾，
除非這些訊息真的與你有緣，自動來到你面前。

預言家

有些預言就算當時是真的，
但是情況在未來也可能被改變。
有些預言家說出了最可能的未來，
但是，他們的任務是當「說謊的人」。
藉由他們「說出口」的舉動，當時的局面才會被改變，
許多人也因此修正自己的道途，他們的振動力才會被轉化。
所以，真正的大預言家是在執行任務。

當預言家其實不容易。
因為對他們來說，不當「說謊的人」就是任務失敗。
有些預言家的任務並不是在挽救大災難，
他們比較像是揭露真相、傳遞真理的人。

捌

助人的藝術

*

除了「我與你是一體的，而且你與我是一體的」之外，

我們無法為彼此做任何事。

這道理對所有人都是同樣真實的。

透過愛的會合～也就是慈悲，

以及靈性的結合～也就是和平，

「光」被帶到這世界上，而一切因此完成。

*

～摘自：《耶穌之鑰》～

有時

有時給別人親自動手的機會，是幫助他們最好的方法。
有時給別人新的舞台，能夠讓他們的生活展現更多的生命力。
有時給害羞、內向的人一個安全獨立的表達空間，
他們會更有光彩。
有時讓別人嘗試接觸更多不同的關係，他們的心情才能穩定。
有時一個充滿愛的母親，也必須放手一下，相信上天。
有時別人的思鄉之情我們不太了解。
有時別人細膩的情懷，我們不知苦在何處。
有時愛所必須的下一步，可能出人意料。
但你的愛心眾所皆知，無需表白。

緣分

助人要看緣分。
沒有緣分的人，並不信任你，也不想聽你說話，你如何幫助？
想要建立善緣，不是一兩天的事，
需要付出物質、愛、或時間的陪伴。
建立信任，有了緣分，別人才願意聆聽你的忠言。
想要沒有善緣而改變別人的思想或行動，
除非你擁有極度的外交天分，否則，只能是對立的爭執。

不想浪費時間建立善緣，也沒有過人的外交天分，
那麼，你必須讓自己充滿愛與智慧。
覺知度與接受度夠的人，能認出你，
會願意與你交流，分享經驗。
但就算你是愛與智慧的一團光球，
也不是每一個人都會想與你交流，或接受你的意見。
仍然必須看緣分。

明白彼此的緣分、自己的能力，和願意付出多少，
才能作出合宜的決定。

修自己

甲問：
我很想與女兒分享靈修的知識，但她完全抗拒，
我要如何開導她？
答：
你要變成靈修最完美的典範。
當一個商品你都不太會使用也不太滿意時，你怎麼賣給別人？
你看那些購物電台，都會找許多人做見證才有說服力。
你唯一的說服力，就是你修到自己好快樂、好高興，
修到你女兒覺得，你那邊一定有一些寶藏，可以跟你挖寶。
那時才有真正的說服力。
有些東西不能用「硬推」的方式賣給別人，尤其是靈性。

甲問：
是不是在物質界比較圓滿的人，比較不容易接觸靈性？
答：
不一定，你要分得清楚。
有些人的圓滿，是因為他「**內在的頻率**」本來就是圓滿的。
有些人的圓滿，是因為以前「**佈施**」，造成這一生的圓滿。
但是，他的佈施並沒有造就他「**內在的平靜**」。
所以，同樣的狀況，不同的內容。

乙問：

眾生百苦，如何幫助眾生離苦得樂？

答：

所有法門都會告訴你：先讓自己開悟，然後才能度化眾生。

就算我們很有愛心，如果不開悟、沒有智慧，很可能幫倒忙。

最麻煩的是那種充滿愛心，但什麼都不懂，越幫越忙的人。

因為他們實在太熱心，人家又不好意思拒絕，造成的困擾更多。

所以自己先開悟、了解自己，然後再去助人。

幫助別人

問：

剛剛提到，我們必須要先從自己開始修，不要去管別人。
那麼，當身邊的朋友遇到困難時，我要去幫助他們嗎？

答：

幫！可以幫，應該幫！
但是，**心裡在批評的時候，不用幫**。
我們剛剛說的「修行是修自己，不是修別人。」
意思是說：你想要批評的話，先批評自己，不要批評別人。
你如果有能力、有時間、有注意力，可以去幫，那就去幫。
因為，幫助別人會讓你了解更多，
會讓你得到更多的能力和能量去幫助別人。

但是，幫別人的時候要注意：**自己不能失去平衡**。
不能一直在幫別人，自己都不顧，那樣會過度耗竭。
因為，我們有一部分的責任是要長養自己，這個平衡要抓好。
你知道有些人就是把自己燒了，然後一直去幫助天下眾生，
雖然聽起來很美，其實，並不是真正最應該去做的事情。
就像坐飛機一樣，發生狀況的時候，
自己先戴上氧氣罩，然後再幫其他人戴。

助人藝術

救人的靈魂就是改善人的思想及情緒，如何救？
先確定自己有正確肯定的思想及情緒，才能給人幫助。
救人聽起來很誇張，
把它當成是**與人分享成長的過程**，
心中比較不會有壓力與執著。

分享的過程中，避免誇張無用的形容與過程。
每一次過程後都要仔細回顧，是否有可以改善的地方？
可否做得更好？

成長不分內在與外在，只要是安排到身邊的，能幫就應該幫。
把分享與助人當成是門藝術，是急不得，也不需急的。……

你想成立公司，自己感覺如何？
如果你是從自己靈魂的觀點，會如何決定？
如果你是從自己我執的觀點，會如何決定？
決定好之後，不後悔、不疑惑，完全投入事情的過程中。
如弓箭手，瞄準、放箭，沒有過去與未來。

眾生的類型

依「覺醒的程度」來看，大約可分為三種：

惡夢眾生：

創造悲劇人生
無意識的創造、受害者
個性：恐懼、否定、妒忌、憎恨、好戰

美夢眾生：

創造喜劇人生
有意識的創造、創造者
每位眾生有獨特的觀點
有些時空內的眾生是「有意識」的在玩這場遊戲
成為創造者時，不只是演員，同時兼任編劇、導演
為眾生創造新的觀念
個性：喜歡服務、從事正面的活動、原諒、感謝、愛

無夢眾生：

感知永恆與無限
知道配合演神的劇本，遵守天意計畫，順從天意者
個性：天真的理解，純真的知道「我就是愛」

演戲如靜心

學演戲在靈修上的好處如下：

對需要作美夢的人，可用演戲來改劇本。

對需要美好品質的人，可用演戲來脫胎換骨。

對情緒太重，無法控制的人，

可學習如何迅速進出不同的心情狀態。

對情緒疏遠，無法感受的人，可學習接觸不同的情緒能量。

對太嚴肅，太重視自我的人，可學習放輕鬆，放下我執。

對演戲得到訣竅的人，可體驗第三者，愛的見證者反觀自我。

對有宏觀的人，可更深體會戲如人生，人生如戲。

讓上天安排

最好的助人方法，
是學會如何與靈界溝通，把自己準備為最好的工具，
然後完全被動，讓上天安排有緣人，
一起分享靈性成長及同一體的喜悅。
這時因為人是上天安排的，所以會有不可思議的奇蹟及成長。

如果上天沒有安排人，也能忙裡偷閒，享受當下，
或乘機再進修，加深助人的技巧。
更重要的是態度不要太嚴肅，要有幽默感，能一笑置之。
沒有幽默感的人，是無法開悟的。

如果幫助別人而受到當事人誤解或攻擊，
那就先退開，待機緣成熟後，再試，不需逆流而上。

如果幫助別人而受到第三者誤解或攻擊，
而當事人並未受到影響，且仍有心學習，那就繼續進行。
我們不需要和所有的人都保持聯繫，
只要自己心中有愛，別人看法如何無關緊要。
重點是我們自己愛了，明白了，也笑了。

完全信任上天

問：

如果需要幫助一個人時，有沒有方法能先取得他的訊息，
知道他的狀況，然後給予最好的服務？

答：

我自己從來不會去想：
「等一下這個人要來，我要得到他的訊息。」
最好的方法就是你「**完全信任上天**」。
你會碰到誰？你與誰有緣？你與誰互動時彼此都能成長？
這些上天都會安排得天衣無縫。
上天不會派一個你無法幫助，
或是你沒辦法從對方身上學習到東西的人來給你。
該知道的，你都會知道。

大部分還需要學習因果課程的人，通常是仍在造惡業的眾生，
上天要幫助他們的時候，必須先安排「奇蹟」。
因為他們的頭腦比較堅硬，如果沒有奇蹟，他們不會相信。
如果你的緣分真的是要去幫助那些很硬頭的人，
上天會給你訊息，讓你知道他們的事情。
那種會讓人信任的訊息，你有需要、是你的緣分時，可以使用。
或許，使用那些訊息，他們會比較相信你，願意聽你的話。

然而，對於想超越因果，想學習「愛」的人。
相對上，這些人是比較有經驗的眾生，他們的思維比較開放。

根本不需要你展現驚人的奇蹟，才會相信你的話，
他們自己內在就能夠分辨出你說的是不是真理。
他們了解什麼是真理，了解什麼是愛，
了解大家的聚集和交流會相互成長，
他們相信你，是因為你帶來的真理。

算命和卜卦

算命和卜卦可以助人也可以害人。
面對年輕的小靈魂，應該鼓勵、告誡。
面對中年靈魂，應當引導、啟發、釐清。

算命應該看大方向，看生命的課程、任務和挑戰。
如果細到流年流月流日，容易陷入宿命論，
然後忘記自己的創造力量，和創造的責任。
所以如果你幫別人看流月流日，可能阻礙別人的成長和道路。

所有高階的算命和卜卦都是回到那個「零」的靜心狀態，
使用靈感取得訊息。
想要取得訊息與靈感，要多讀靈修書籍，
因為書中的概念，會成為腦海中思維網絡的部分架構。
之後，指導靈只需要點亮你腦中思維網絡的某些點，
你就會得到新的理解。

只照書本解讀不一定正確，
就算是讀得精確，也要融會貫通，還要加上靈感。
沒依照靈界的指示，信口開河，容易造業。
幫人卜卦算命時，不嚇人，勸人向善，才不會造業。

但是，對於作奸犯科的人，則要教導因果。
接受因果論，會知道有比自己更大的力量！

做壞事的人，需要知道後果，
否則他們做盡壞事，以為死了就沒事。

算命卜卦應該是一個靈活生動的分享過程，
不是一個背書僵化的程序。
試著在這個過程中，讓對方的情感更安寧，思維更開闊。

問：
聽說我只剩一年半壽命？
答：
放下小小軀殼，追求真理！
追求身體健康，不如追求真理智慧。
如果，你都幫別人求健康長壽，那是有慈悲沒有智慧。
粉身碎骨都要去求智慧！
不要聽別人的宿命論，
要發揮自己的創造力，創造自己的人生。
如果你去求壽命，上天不一定給你延壽，
因為你的動機可能是執著物質界。
如果你去求智慧，上天更可能會延長你的壽命，
讓你有時間修行得到智慧。

洩漏天機

在遠古時代，宇宙的眾生曾將許多科技開放給地球使用。
但當時地球人類靈性成長的程度，尚未成熟到可妥善運用。
因此，這些科技在被使用的過程中，造成許多災難與痛苦。
當時公開資訊的宇宙眾生必須承擔這些業障，
因為他們將工具給了無法掌握使用技巧的人。
為了彌補錯誤，他們必須用很長的時間陪伴地球成長。
因此，在那之後，為了避免再次鑄成大錯，
宇宙眾生要傳遞新科技給地球時，會選擇迂迴的方式給予。
資訊是一種力量，宇宙中有些法則也可以說是「天機」。
把科技資訊送給靈性上還無法配合的眾生是危險的。
這些宇宙弟兄很清楚自己的錯誤，不會再重蹈覆轍。

問：
我們若直接告知對方自己拿到的靈界訊息，
會不會有什麼影響？洩漏天機會不會得到報應？
答：
要看是什麼樣的靈界訊息。
若是用來幫助人的話，基本上沒什麼問題。
若是傳遞真理，不會有任何影響，因為那是在執行任務。
但是，如果你公開的是更龐大、用於預告未來的訊息，
因為洩題時會改變當下的計畫，可能就會有一些因果副作用。

當今許多眾生處於「由惡夢進入美夢」的邊緣，
他們目前的課程著重於訓練**放下恐懼**。
一旦進入美夢階段，「創造」就變成當時靈修的重要課題。
在創造的階段，如果，你所揭露的訊息引導他們偏向負面，
你就要負責任，不是只對那些眾生的恐懼負責而已，
還要對他們「負面創造所導致的影響」負責。

洩漏天機若會出問題，大多是在幫人「改命、改運」時發生的。
算命師父用特殊的方法幫忙一個人避掉某些經驗，卻沒考慮到，
這些經驗本來就是為了這個眾生的靈性成長而設計的。
任意幫人改運，但是卻沒有顧及對方靈性成長的課程，
因此，讓這個眾生失去了靈性成長的機會，
這個業障會由幫他改運的人來承擔。

四句真言

四句真言：「**對不起，請原諒，我愛你，謝謝你！**」
任何時候都可以唸。
用「心」念，或用「嘴」唸都可以。
越誠心，效果越好。

四句真言的功能

清理業障

四句可以很快的清洗「**潛意識**」，**消解業力**。

對不起：明白過去曾經傷害對方，自己必須負起一份責任。
請原諒：請對方寬恕，
　　　　並釋放所扣留的金剛微粒，讓自己更完整。
愛：同一體（愛超越因果）。
謝謝：感恩。
　　　明白關係的意義與價值，感謝對方幫助我們成長。

如果有任何該清除的東西，
這四句話會讓你知道是什麼，
可能會忽然想起曾經做不圓滿的事，
或是想起某個人事物，或是在夢境中獲得訊息，
知道是什麼後繼續唸四句，就可以清理業障。

清理磁場

隨時默念四句，走到哪裡就可以一路清理磁場到哪裡，

可以幫助清理地球上面不好的磁場。

淨化身體

身體有任何部位不舒服時，專心對著那部位唸四句，

可以很快的減輕或消除不舒服的症狀。

淨化情緒

有負面情緒時，

例如：不安、不平、不滿、恐懼、憤怒、沮喪、嫉妒時，

唸四句真言可以清理負面情緒，讓心情轉為平靜，

然後，冷靜觀察並面對負面情緒的起因。

淨化思想

有負面思想時，

例如：懷疑別人，覺得別人是惡意的，擔心孩子身體不健康……

唸四句可以清理負面思想，讓頭腦安靜，思維轉為清晰。

調整能量

對身體的脈輪唸四句，可以感覺到脈輪會自動調整能量，

當能量輪陰陽平衡，運轉得當時，才能感受同一體。

四句真言的順序

「對不起，請原諒，我愛你，謝謝你！」
這個順序是完美結束任何「靈性課程」的標準順序。

對不起
因為終於明白了自己在這掙扎中所扮演的角色。
原本以為錯都在別人，
但現在終於明白了**自己也必須負起一份責任**。
有時就算是還不明白自己的錯在那裡，
是思維、情緒、還是動作，
但持續的唸誦「對不起」，
會鬆開一個空間，讓靈感能夠告訴我們，
哪裡還不甚圓滿，有待改進。
有時我們會說，「我明明一點兒錯都沒有，
明明全都是他的錯，憑什麼要我說對不起？」
如果我們沒有自己先分裂的話，又哪來的「我」和「他」呢？
這時我們需要說：
「對不起！我沒有看到我們**一體的神性**，也忘了我們的一體。
我忽略了**靈性**，只看到了**物質**的形象，執著於物質的外表。
對不起！」

請原諒
當我們明白了自己的錯，
也明白了自己必須負的一份責任，

我們自然了解必須請求對方的原諒。
這是**謙卑心**的開始，也是**放下我執**的第一步。
這是主動伸出友善的雙手，也是勇者的風範。……

我愛你

愛超越因果，進入恩典與慈悲的世界。
愛放下距離，進入**同一體**的境界。
愛是認識彼此的**真我**，愛是彼此的真我。
你與我之間，除了愛，還能是什麼？
什麼字能夠真正站在「我」與「你」之間？
哪一個思維清晰正常的人，會不要愛，和愛所帶來的一切？

謝謝你

謝謝你！因為我了解了我們相聚的深層涵義。
謝謝你！因為我看到了我們相聚的可貴價值。
在時空裡，所有的一切都是關係，
所有的學習，也離不開關係。
有意義與價值的關係，是真實的。
當一個人看不到一個**關係的意義與價值**時，
他在這個關係的課程上便尚未結束。
如此，時空會一次又一次的讓他回到這個關係裡，
直到有一天，他能看到這關係的意義與價值，
直到有一天，他能**對這份關係說出「謝謝！」**
這就是**靈修**。

順序與效果

當你了解四句的真意時，先後順序並不重要。
當四句真言念到深處，順序也並不存在。
但如果你有一個偏愛的順序，那就以它為主。
這偏愛會帶給你額外的感受，多餘的祝福。

清理潛意識

「**意識**」
是我們平時運用理性判斷的東西，**頭腦**清楚知道並熟悉狀態。
如果把意識想成一個圓，這個圓的外圍還有一個大圓包住它，
這個大圓就稱為潛意識。
「**潛意識**」
是頭腦想不到、感覺不到、看不到，但是卻存在的東西，
而潛意識的外圍又有一個大圓，稱為超意識。
「**超意識**」基本上與「**神性**」或「**上主意識**」是相同的。

潛意識的功能

潛意識有一個功能是「**記憶**」，它會連結超意識，
許多頭腦不知道的東西，潛意識會知道。
每個人都擁有一塊個人的潛意識，
潛意識擁有許多前世的記錄，
有各種以前的害怕、恐懼、因果、業障、責任……，
許多我們不清楚的東西，都在我們的潛意識裡面。

潛意識還有一個功能是「**創造**」。
雖然，潛意識沒有自己的選擇，也不會計畫人生，
但是，它可以接受「**頭腦**」的決定，來創造環境。
頭腦一直想什麼東西，潛意識就會讓它在生活環境中展現。
所以潛意識會**展現你的願望**，頭腦一直在想的東西，也是願望。

所以，思維要有紀律，最好只想正面的事情，不要胡思亂想。

基本上，**所有的修行都是在「清理潛意識」**。
為什麼要清理潛意識呢？
因為，我們要觸及超意識（神性）。
意識被潛意識包住，潛意識的外面才是超意識。
因此，想要觸及超意識，必須經過潛意識。
如果，潛意識混亂，或堆積許多垃圾，就很難接觸超意識。
這就是為何修行強調生活要簡單，不要做壞事，犯錯需要懺悔。
那樣，才能把潛意識弄得很乾淨，
潛意識清理乾淨之後，就會有一個通道和管道，
那個門徑打開了，你才能從意識經過潛意識到超意識。

潛意識花園

每一個人的潛意識就像是自己的花園。
我們的責任是要把潛意識花園清乾淨，種自己喜歡的花草樹木，
讓純淨的溪水、清新的瀑布流進來，花園景緻優美，鳥語花香。
當我們準備好自己的花園之後，我們與上主會面。
你不可能請上主到你充滿破銅爛鐵的花園裡碰面，
上主不會來，因為祂擠不進來。

問：

有人會容易看到鬼，是因為八字輕嗎？

答：

八字是經過安排的一個象徵與符號，
緣分在先，頻率在先，八字是事後發生的。
也就是說，人們生生世世的修行，「**注意力**」停放在哪裡，
然後指導靈在他們即將出生時會特別安排一個時辰的八字，
這個八字會讓算命的人說，他這一輩子的課程與挑戰在哪裡。
所以，不是因為八字輕，然後就容易看到鬼，
而是因為這個靈魂的頻率是低的，
而且生生世世都在「**注意**」鬼的事情，每天都在看鬼節目。
因此，靈界安排他投胎的時候就會讓他出生於這個時辰，
當算命師幫他算命，就可以告訴他的家長，要注意什麼事情，
所以是顛倒過來的。
潛意識可以這麼危險，
一個人若覺得有鬼，就有鬼，以為自己是鬼，就是鬼，
所以，最好去**清理潛意識**，去想好的東西，
重新調整和設定潛意識的內容、頻率、和狀況。

問：

我與某人在一起壓力好大，很想逃到另一個國家。

答：

這個壓力也是自己想出來的。
這些都是藏在自己潛意識裡的東西，這時必須去**清理潛意識**，
而不是只為了逃離一個人事物，而搬到另一個國家。

最安全的方法

問：

堂妹有靈異體質，如何處理才好？

答：

每個人因緣不同，
但是，如果平時不拜佛，不親近佛菩薩，或是天使聖人等等，
就容易吸引低振動的東西，如果，常與聖人佛菩薩親近的話，
一些低振動力的東西就不會過來。
目前，她並沒有把注意力放在一個高振動力的目標上，
她必須有一個靈性生活的中心點，
如果連鬼都看得到，總得相信有神明的存在吧！
就算是家庭主婦，也不代表不能擁有靈性的生活和方向。
因為，她既然有時間被鬼纏，就有時間去拜神。
她需要找一個高振動頻率的、有緣的神明或聖人，
然後要與祂們結緣，要多親近祂們。

問：

如果她能讓自己靈性成長的話，是否問題就可解決了？

答：

但是，她目前制訂自己的首要目標是家庭生活，
也就是她的重心是在先生及小孩身上，所以，你急也沒有用。

問：

是否她有幫助死者傳遞訊息的任務？

答：

不一定有這個能力的人就是有這個任務。

她是有那個潛能和機會，如果她願意善用這能力也是好事一樁。

但目前她會把時間都放在小孩及先生身上，想要先照顧好家庭，

每個人的生活目標是不一樣的。

你可以建議她「唸四句」，安插到生活當中。

四句看似簡單，其實四句可以化解因緣，可以改變，可以創造。

當你可以唸到很深的程度時，四句就不是一個低淺入門的東西，

任何一個東西，當你用到最深的程度時，都可以見到佛性。

所以，她只要繼續念四句，就一定可以改變。

問：

是的，我也是靠著四句而有一些不可思議的體驗，

像是幫客人去交通部緊急製作出護照，印章失而復得，等等。

答：

四句除了可以幫助你解決生活上的一些問題以外，

事實上，**四句是一個最安全的方法，**

基本上，**它不會誤導任何人，誤導的可能幾乎等於零。**

四句的轉化順序是：

先清理所有負面的能量結，然後，再用愛的能量去創造。

撫平傷害的方法

問：

如果曾經用很粗暴的方式去結束與另一個人的關係，
那下輩子會變成因果回來嗎？

答：

如果，他完全原諒你的話，就不會，
如果，他完全釋懷的話，就沒關係。
可是，如果他心中一直帶著那個傷痛的話，
可能還得見個面吧！

問：

我要如何做才好呢？

答：

在能量上撫平對方的傷痛。
如果，我們對別人曾經造成傷害，
我們想要查看我們對他造成的傷害有多大，
我們有權利去看，然後用「愛心」去撫平。
去觀想那段記憶，因為你有權利。
你沒有權利去觀想他所有的世界，
但你有權利去查看，你對他的能量影響如何，
你留下的印記是什麼，你刺到何處。
如果你傷害了許多人，你可以去看你對每一個人的傷害是什麼。
可以的，你確實擁有權利去查看。

如果，你已經沒有與他往來，
可以在靜心的時候觀想他的能量體，
然後，查看一下你當時的行為舉止，
有沒有在他的世界裡留下一個糾結？
如果有，就找一個橡皮擦或立可白，
或是火，或是水，去把它清理掉，
或是用「愛心梳子」把那個糾結梳平。

問：
唸四句清理可以嗎？
答：
唸四句可以清理。
唸到你心裡完全平靜，完全平衡，完全釋放。
如果你會用靈擺的話，可以問問看，
那個人是不是也在能量上對你完全沒有糾結了？
如果，靈擺說是的話，你可以停。
如果，靈擺說不是的話，你就繼續唸。

唸「心經」也可以，
有時候，不同的因緣，運用不同的方法，比較有效，
因為，這與對方的緣分也有關係。

橡皮擦法

問：

我在孩子成長的過程中，對孩子說了許多負面的話，

以致於他現在也覺得自己不好，我要怎麼把他拉回來？

答：

孩子現在多大？

問：

十四歲。

答：

十四歲還好。

十四歲的孩子，妳說太多的東西，可能他也不接受。

妳平常有打坐嗎？

問：

我會靜心。

答：

會靜心，太好了。

妳可以在靜心的時候「**觀想**」一個「**大橡皮擦**」，

把以前對孩子說的那些負面話語擦掉。

然後，觀想妳拿著橡皮擦，進入他的頭腦裡，

把所有妳記得的負面話語、情境、場景，都從他的頭腦裡擦掉。

再把這個橡皮擦拿到妳自己的頭腦裡面擦，

「我沒說過！我沒說過！擦掉！」

因為，**妳說的話，妳有義務清理**。

問：

我自己的部分也擦掉嗎？

答：

也擦掉。

他腦海裡的部分，擦掉。

你們之間的部分，擦掉。

妳腦海裡的部分，也擦掉。

擦到妳「覺得心安」為止，會有那個點。

剛開始，妳可能會覺得好像沒什麼用，

但是，一直擦、一直擦，擦到有一天……

當時間夠久，妳會覺得「心安」，覺得可以不用擦了，

達到那個點時，妳可以確定那些東西已經對他沒有什麼影響了。

問：

我的孩子現在都不聽父母的話。

他在學校碰到一些不如意的事，

所以不停的轉學，甚至想輟學，

這可能也是因果的關係。

「橡皮擦」這個方法，如果我做得夠好的話，

是不是連這個因果都可以消除？

答：

可以。

剛開始擦的第一個東西，是妳對孩子說的那些負面話語。

接下來要擦的東西是：你內在覺得**不安穩的「頻率」**。

但是，如果在擦的過程中，
他的靈魂出現，對妳說不要擦，那就不要再擦了。
因為，有時候是「**靈魂設計好的藍圖**」，
要「**體驗**」一些人世間的課程，
這就不是妳需要去擔心的事情。

如果，在擦的過程中覺得很順，
沒有指導靈或他的靈魂來告訴妳不用動，那妳就繼續擦。
把那些妳覺得浮躁不安的東西都擦掉。
有時候這一輩子擦一擦，會忽然連前世都跑出來。
通常我們要涉入另一個人的磁場和生活時，
端看我們與他的緣分有多深。
緣分多深是指：你有多在意，你心疼多少。

當媽媽總是會心疼孩子，
妳是媽媽，又真的很掛心，那就擦、擦、擦。
如果這輩子的東西擦完了，前世的東西跑出來，
如果妳還想繼續擦，就繼續擦。

問：
我做過前世回溯，我上輩子也是他的媽媽。
答：
所以緣分滿深的，擦的時候效果會更強。
通常，磁場關係越密切，擦的效果越好。
但是，做這些東西，不要跟家人說。

在場的人，也不能偷偷跟她的家人說！
有些東西不應該說，尤其是這種能量上的東西。
妳只要對他好，不要告訴他的頭腦。
因為這些東西是走後門的，不可以讓他的頭腦知道。
這個時候應該是「行善不為人知。」
說出來的時候會很麻煩，
因為，對方的頭腦會抗拒，會打仗，
他會覺得「妳怎麼在控制我的生活？」

方法與緣分

所有法門都一樣，
都會有一些特別有緣的人用起來特別有效，有些人則沒有感覺。
因此我們會聽到有人說，為何人們把吸引力法則說得那麼神奇，
而她還是在照顧她那酗酒賭博的先生以及每天打她罵她的兒子，
還有一隻常咬她的狗？對她來說，再怎麼練吸引力法則都沒用。

吸引力法則，並不是所有人都能練習成功的。
通常，能在吸引力法則上面開花結果的人，
基本上，是這輩子沒有虧欠太多因果的人。
因為，欠很多因果的人，有許多業力負擔以及重要的課程要修，
他們的時間或注意力會放在必須清償的服務和學習的課程上面。
當他們的因果業力清理得差不多了，
那時練習吸引力法則，實行起來會更快開花結果。

問：
為什麼教吸引力法則的導師並不強調因果？
答：
我覺得他們所教導的對象，
有很大一部分是從基督教或天主教離開或過來的人，
而他們可能不想花時間去和那些人的概念產生摩擦和抗拒，
因為即使那些人離開那個宗教，可能也不會想接受因果的概念。
如果硬是把因果教理放進去的話，

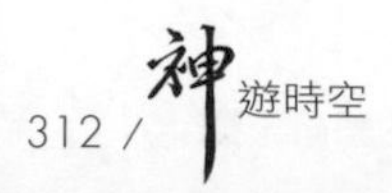

一、教理就變得更複雜，
而複雜的東西無法大量傳授，必須詳細解釋。
二、可能會阻擋大量的人入門，
因為，他們可能一聽到「因果」就裹足不前。

每一個靈界導師或有任務來投胎的人，都被安排得很好。
事實上，他外在展現什麼形象，他傳授的教理採用什麼詞彙，
他吸引的觀眾群是哪一些人，他要度化的是哪一類的人，
這一切都是被安排好的。

問：
對於還需要處理因果的人，
您會建議他單純的練習吸引力法則，而忽略因果的這一部分嗎？
答：
這要看緣分。
有因果的人，通常他們生活中的問題都在因果上面打轉，
因此，當他們學習吸引力法則，去練習創造的時候，
事實上，就是在解決因果關係所造成的生活困擾。
所以，因果可能會主導他們創造的方向。
如果，他們能用創造的方式來面對因果的挑戰，那也很好。
就算是有因果，還是可以從中獲益。
但是，另有一些人，由於被因果關係嚴重卡住，
就連這方法都聽不進去，那當然就是沒緣分，你也無法強求。

凡事擁抱上主

問：

在事業上遇到一些瓶頸，夫妻的看法不同時，該如何處理？

答：

如果與先生無法溝通時，
就先去擁抱上主～先去找大老闆。
然後跟上主說，你想要有更多的時間可以靈修，你不想顧店。
直接跟大老闆說，有事找大老闆，比較容易解決。

夫妻之間關係要很好，要達到完美的狀態，唯一的理想狀況是，
兩個人都看著上天，互相扶持彼此的靈性成長。
如果你的眼睛一直看著先生的話，那個生活不會是最美滿的，
中間一定會有諸多挑戰。

問：

如果只有我看著上天，而他繼續過他的生活，那有用嗎？

答：

沒有關係，如果你真的一直抱著上天的話，

一、你會先得到滿足。

二、你會對許多事情不再執著。

三、你會有真正的勇氣和智慧，說出或做出你該做的事情。

四、有時候，上主的加持自然就把事情化解掉，根本不必你去說和做，這是最完美的方法。好像你都沒做什麼事情，而一切都順著你的意做了，自然發生了。

問：

想要見到已去世的親人，該怎麼辦？

答：

先請他們入夢。

有時候親人才剛走，我們自己因為情緒不穩定，所以要在打坐的時候見到是比較困難，如果可以的話，就請指導靈安排他入夢讓你看到，會比較容易。

問：

因為走得太突然了，有許多遺憾，就會很想再見到。

答：

不用擔心，你有那個心，就一定見得到。

但是，剛過世的人，有他們的手續要辦。

入境手續呀！入學手續呀！靈界也有一大堆的流程要處理。

辦事人員要帶領他走一些流程，有一些能量要調整之類的。

所以，你要慢慢等待，最好這個時候不要把他拉在身邊，

讓他準備好的時候，從他的地方來探望你，

不要一直想把他拉在身邊，那樣子不好。

問：

有什麼方法可以不要再想他？

答：

我會勸你先練習擁抱上主。

擁抱上主的時候，跟上主說你想見你的親人。
我不是要你去壓抑，是希望你能去擁抱上主，
知道你有苦的時候應該向誰傾訴。
因為你沒有那個習慣，沒有那個概念，根本就沒親近過上主，
至少藉這個機會親近一下，訴訴苦，讓祂抱抱你。

擁抱上主真的是一件很重要的事情，
要培養那個紀律、歡喜心、和緣分。
你知道，愛一個人是需要培養的。
不是上主不愛我們，是我們有時候不理祂，大部分時間不理祂。

問：
念經似乎有正能量可以安定自己，可是為何效果不佳？
答：
你念了什麼經？
問：
《金剛經》。
答：
《金剛經》是很好的一部經。
但是，《金剛經》的重點是要你放下一切執著與一切形相。
一切有為法，如夢幻泡影，如露亦如電，應作如是觀。
念《金剛經》能夠得到的好處是，放下一切執著，一切形相，
放下你對親人和形相的執著。

若你的目的是要見到親人，
《金剛經》的目的是與它完全顛倒的。
如果《金剛經》有力量的話，它會讓你看不到親人，
因為親人的形相是虛幻的。
《金剛經》是觸及佛性，不生、不滅、不垢、不淨。
所以，你的願望與你所使用的方法是背道而馳。

如果，你想再看有形有相的親人，應該去親近有形有相的上主。
到時空內宇宙的「源頭」去求的話，大老闆說什麼都會答應你。
可是若你請下面的小官的話，就許多事情都不答應。
你念《金剛經》的時候，
哪一個執行這部經的菩薩或護法，會把你的親人帶來給你看？
因為這與《金剛經》的內容完全不符合。
但是，當你要追求和觸及佛性的時候，念《金剛經》是剛好的。
所以，你到底是想要觸及佛性，還是想要看見親人？

問：
如果可以有順序的話，我會想要先看見親人，之後再念經。
答：
好，那就照我的建議，
先照今天的練習去擁抱上主，
跟上主說你想看見親人，
看到之後，你再去念《金剛經》，
修行要有順序。

助人的時機

一、理智分析：

1. 有無能力？

   有能力才幫，已超出能力就要放下。

   要信任世界的運轉，信任天地的慈悲。

2. 有無阻礙對方學習？

   如果幫助會導致對方的依賴及不知改進，

   那就等於把對方的功課或學習機會拿走，

   阻礙對方學習成長。

   這種情形，甚至可能去擔不必要的業障。

   例如，用神通幫人治病。

3. 是否有助於對方的靈性成長？

二、能量是否提昇？

幫助別人的過程中，

感到能量提昇：表示對方100%吸收訊息，有被提昇。

感到能量下降：表示對方沒有吸收訊息，或是只吸收一小部分，

大部分能量都浪費掉了，此時可以停止。

因為時機不對，或因緣不同。

雙方的付出與收獲不吻合、不搭配。

上天的管道

當我們自己開始為上天傳送能量與訊息時，
很多人會被這種能量所吸引。
因為這是天上來的能量。
並不是那水管多迷人，只是那些水很好用。
水若不流，水管也非常平凡普通。
在被上天使用為水管前，
都會先被審核確認，不會濫用這影響力及吸引力。
但很快的，你也會明白這種能量的作用。

國家圖書館出版品預行編目資料

神遊時空／Arthur --初版.--臺中市：白象文化，2018.9
面； 公分.——
ISBN 978-986-358-703-3（精裝）
1.靈修
192.1 107011029

神遊時空

作　　者　Arthur
專案主編　林孟侃
出版編印　吳適意、徐錦淳、林榮威、林孟侃、陳逸儒、黃麗穎
設計創意　張禮南、何佳諠
經銷推廣　李莉吟、莊博亞、劉育姍、李如玉
經紀企劃　張輝潭、洪怡欣
營運管理　黃姿虹、林金郎、曾千熏
發 行 人　張輝潭
出版發行　白象文化事業有限公司
402台中市南區美村路二段392號
出版、購書專線：（04）2265-2939
傳真：（04）2265-1171
印　　刷　基盛印刷工場
初版一刷　2018年9月
定　　價　300元